中国产业转型升级研究丛书

U0602770

产业集群知识共享研究
——基于社会网络理论

CHANYE JIQUN ZHISHI GONGXIANG YANJIU
— JIYU SHEHUI WANGLUO LILUN

◎ 顾丽敏 ／ 著

中国财经出版传媒集团
经济科学出版社
Economic Science Press

图书在版编目（CIP）数据

产业集群知识共享研究：基于社会网络理论/顾丽敏著.
—北京：经济科学出版社，2016.11
ISBN 978 - 7 - 5141 - 7517 - 2

Ⅰ.①产…　Ⅱ.①顾…　Ⅲ.①产业经济 - 知识管理 -
研究　Ⅳ.①F062.9

中国版本图书馆 CIP 数据核字（2016）第 285175 号

责任编辑：李　雪　张庆杰
责任校对：刘　昕
责任印制：邱　天

产业集群知识共享研究
——基于社会网络理论
顾丽敏　著

经济科学出版社出版、发行　新华书店经销
社址：北京市海淀区阜成路甲 28 号　邮编：100142
总编部电话：010 - 88191217　发行部电话：010 - 88191522
网址：www. esp. com. cn
电子邮件：esp@ esp. com. cn
天猫网店：经济科学出版社旗舰店
网址：http：//jjkxcbs. tmall. com
北京密兴印刷有限公司印装
710×1000　16 开　11.75 印张　200000 字
2016 年 11 月第 1 版　2016 年 11 月第 1 次印刷
ISBN 978 - 7 - 5141 - 7517 - 2　定价：39.00 元
（图书出现印装问题，本社负责调换。电话：010 - 88191510）
（版权所有　侵权必究　举报电话：010 - 88191586
电子邮箱：dbts@esp. com. cn）

序　言

从硅谷到"128 公路"的高科技产业，从米兰的服装产业到班加罗尔的软件产业，从江苏昆山的光电产业到浙江义乌淘宝村的电商产业，产业集群这一现象在不同国家、区域、行业广泛存在，促进了知识在集群内部的吸收、消化和积累，以及在集群成员之间的流动和共享。

进入知识经济时代，正如德鲁克所言，知识成为"最基本的经济资源"。与之相应，在新兴产业不断涌现的同时，传统产业也面临着技术的现代化改造与升级。各行各业对原创性、前沿性、突破性技术的颠覆式创新以及跨领域技术融合的集成创新均表现出了对知识共享的强烈诉求。而产业集群作为一种特殊的知识组织形态，在推动产业知识共享方面有着天然的优势，具体表现在三个方面：一是产业集群在空间上是企业的集聚地，而企业是知识生产、知识交换的重要主体。二是产业集群为本地企业建立合作和竞争关系提供了便利，而知识活动总是嵌入在一定的关系网络之中。三是知识外溢一直是产业集群外部经济的重要内容，而知识共享的外部性降低了知识获取和创新的成本与风险。

产业集群知识共享无论对于集群本身还是成员企业都至关重要。从集群层面看，知识共享可以减少知识生产的重复性投入，节约知识的获取成本，能够运用集体的智慧提升整个集群的应变能力、创新能力和竞争实力。从企业层面看，集群内不同成员企业在互相学习的过程中实现了存量知识的扩散和新知识的产生，能够提升成员企业的知识吸收能力和学习能力，进而提升成员企业的自主创新能力。

虽然构成集群的各类主体已经认识到知识共享的重要性，但在具体实践的过程中，由于缺乏理论的科学指导，集群知识共享的效果难以令人满意。纵观当前国内外知识共享的既有研究成果，相比个体层面和团队层面的研究，受制于数据收集的困难，组织层面（尤其是针对产业集群）的知识共享研究相对匮乏。基于此，在本书创作过程中，我鼓励顾丽敏博士结合自身的教育背景和工作经历，以产业集群为研究对象，尝试对组织层面的知识共享进行了一次有意义的理论探索。值得注意的是，产业集群作为一种经济现象，在中国情境下具有两层含义：其一，在理论意义上，它是作为介于市场和企业之间的一种制度安排；其二，在管理实践中，它是地方政府推动产业转型升级的抓手和载体。

本书采用社会网络理论，对产业集群网络结构特征以及在成员企业的知识共享意愿和知识共享能力的共同作用下，集群知识共享行为、知识共享绩效进行了深入研究。这项研究既有一定的理论创新，也具有较强的现实意义。总体而言，本书的主要特点有以下几个方面：

第一，采用了跨学科的研究视角。本书将社会网络理论应用于产业集群研究，把产业集群视为一种网络组织，使得产业集群这一经济现象成为管理学研究对象。这一转换有助于从集群内部互动行为来揭示集群运行规律，发现促进集群知识共享行为和效果的因素。

第二，采用了大样本的实证研究方法。本书以产业集群为研究对象，进行了大样本的实证研究，弥补了以案例研究为主的集群研究的不足。

第三，得出了有一定创新性的结论。本书研究发现，产业集群知识共享行为和效果受到网络结构特征的影响，而成员企业的知识共享意愿和知识共享能力是发挥集群网络结构特征功能的重要调节因素，网络结构、共享意愿和共享能力三者互动才能实现产业集群的最佳知识共享。

知识管理是我和我的团队长期关注的一个研究主题。顾丽敏博士的这一新著，是对组织层面知识共享研究的探索和努力，反映了她在学术研究上的敏锐性和深厚的基础。本书不仅是对知识共享理论研究的贡献，对产业集群的管理实践和政策制定也具有一定的参考价值。在推荐本书的同时，我也期待她在今后的研究中不断取得新的成果。

杨　忠

2016 年 10 月

目　　录

第 1 章

导　论

　　进入知识经济时代以来，知识共享已经成为创新的重要因素。知识共享是一个互动过程，既存在于个体与个体之间、组织与组织之间，也存在于个体与组织之间。产业集群作为承载创新的一种非正式组织，集群成员之间知识共享是集群发展和保持创新的必要前提。对产业集群知识共享理论的认识和研究不足，制约了相关政策推进和环境培育。随着创新在经济转型升级中的作用不断提升，产业集群作为推动创新、落实转型升级的重要载体，迫切需要研究其知识共享的特征和影响因素，为促进产业集群知识共享提供理论框架。

1.1　研究背景及问题提出

1.1.1　研究背景

　　我国经济发展经历了 30 多年的快速增长，目前正处于新旧动能的转换期，经济发展的动力需要从人口数量红利向人口质量红利，从出口拉动向内需拉动，由要素和投资驱动向创新驱动转型。创新也成为"创新、协调、开放、绿色、共享"五大发展理念中的引领要素。从国家层面，2016 年 5月出台的《国家创新驱动发展战略纲要》成为推动科技创新的顶层设计，强调"要加快构建结构合理、先进管用、开放兼容、自主可控、具有国际竞争力的现代产业技术体系，以技术的群体性突破支撑引领新兴产业集群发展，促进经济转型升级。"这意味着面对全球产业竞争格局的新调整和抢占未来产业竞争制高点的新挑战，一方面，要在重点产业的关键节点和价值链高端环节中实现突破，以技术和品牌加强产业链控制力，在全球产业调整带来的机遇和挑战中提高自身的竞争优势；另一方面，要积极采用大数据、云计算等信息技术改造提升传统产业，积极培育新技术、新产业、新业态、新模式，提升制造业竞争力。从地方政府层面，纷纷把创新作为推动经济转型升级的抓手，如北京、上海等优势地区明确了建成具有全球影响力的科技创新中心的目标，相继出台相关规划。总而言之，创新是推进当前中国产业结构调整，有效促进经济发展的根本途径。

江苏是制造业大省，也是全国最早提出"创新驱动"战略的省市之一。制造业是科技创新的主要载体。近年来，在"两个率先"目标指引下，江苏积极依靠科技创新实现产业发展和赶超，推动"江苏制造"向"江苏智造"转型升级。2015 年以来，江苏更是把建设"具有全球影响力的产业科技创新中心"和"具有国际竞争力的先进制造业基地"作为全省产业升级的关键支撑。产业集群这一生产组织方式在其中发挥了重要作用。

1.1.1.1 产业集群这一生产组织方式在全球范围广泛兴起

波特（2000）在《国家竞争优势》中指出，产业集群这种生产组织形式正在支配世界经济的版图。大量研究和实践也表明，产业集群推动了区域经济的发展，导致全球经济地图呈现为产业集群的马赛克（Scott，1988）。不论是发达国家还是发展中国家，具有国际或区域竞争优势的产业，大多是聚集在某些特定区域而发展起来的，如瑞士的制表产业集群、美国的硅谷电子和创新产业集群、意大利普拉托纺织业产业集群、印度的班加罗尔软件产业集群。在国内，浙江、广东、江苏的产业集群较为集中，如浙江永康五金产业集群、广东东莞电子产品产业集群、江苏南通家纺产业集群等等。这些集中于特定区域、具有竞争优势的产业，往往都拥有高度的知识流动性和信息交流网络，具有强烈的创新意识以及竞争与合作意识，拥有比较高的社会信任基础和专业化的劳动力市场。这些也构成了产业集群的基本要素：聚集于某个特定区域，具有比较稳定的分工协作，形成独特竞争优势。

不论是从理论上还是实践中，归结起来，产业集群都可以带来专业化分工、弹性专精、外部经济、知识外溢等好处。

1.1.1.2　高新技术产业集群更加注重集群知识共享

伴随知识经济时代的到来，知识在经济社会中的重要性不断提升。德鲁克（1988）认为，知识是企业所拥有的唯一独特的资源。区别于传统产业，高新技术产业中，知识资本在企业资产中的地位提升，知识的产生、转移、运用被认为是企业持续竞争力的来源。这种变化的直接影响就是，诸如经营模式、管理经验、运作流程、人才理念、企业文化、专有技术、市场技术、员工智慧等软性资产要素对产业发展的支撑作用愈加明显。知识基础理论认为，企业是积累、存储、产生和利用知识的场所，知识资源是企业的核心资源。但是任何一个企业都不可能拥有其所需的所有知识资源。因此，高新技术产业集群承担了知识库的作用，承载着集群内部企业需要的各种类型的知识，还需要在企业、高校与科研机构等不同主体之间互动，以及知识成果的资本化成为支撑与推进新兴产业发展的重要因素。

集群发展过程形成了"空间集聚—要素集聚—知识集聚"的特征，当地缘的毗邻性带来要素资源的集聚和交易成本降低的同时，集群企业之间也形成了一种知识集聚和流动，带来了知识外溢效应（Marshall，1920；Fujita & Smith，1990；Jaffe，1993）。无论单个企业的产品升级、工艺流程升级、市场地位升级还是整个集群价值链地位上升或竞争力提升，都是集群内企业知识获取和积累到一定程度，且通过不同主体间的互动在集群范围内实现知识共享而导致的。从企业获取知识的渠道看，包含企业内部知识源、集群内部知识源和集群外部知识源等三种渠道。传统产业集群在形成初期，企业主要依靠内部知识源发展；随着集群企业数量不断增加，企业间联系不断增多，集群内部的知识源开始变得重要；而当面集群发展到一定阶段，企业面临着内外部竞争压力时，部分企业会迫切地求助于集群外部知识源，与高校、科研机构的合作将提升企业创新能力。但在高新技术产业领域，因其对原创新、前沿性和突破性技术及不同领域技术融合的高度需求，在集群形成初期，就表现出知识获取多渠道特征，企业往往和外部高校、科研机构保持着密切的联系，同时也有自身的知识积累；而当集群发展到一定阶段，因为产业地位不断上升，产业资源不断集中，集群内部出现除企业之外的其他产业支撑机构，高校、科研机构的研发力量也会向集群内部集中，此时企业反而倾向于向集群内部寻求知识源。

处于全球价值链中高端的科技型产业集群以创新为驱动力，而非以往低端产业集群所表现出的资源要素驱动。因此，产业集群是否能够培育创新能力直接关系到其能否形成竞争优势。对集群企业而言，不同主体间长期稳定的合作关系有利于增加他们相互学习的频率和效率，为知识扩散与知识共享提供了机会和条件，更利于企业吸收知识和创造新知识，这对企业提升创新能力至关重要。对集群而言，知识共享把被动性的知识溢出转变为主动性的知识共享，通过集群企业、团队、个人等不同层面的互动，不但能增加集群显性知识的供给，也能增加默会知识的供给，并形成集群层面的共有知识，从而形成集群独有的竞争力。因此，知识共享就成为科技型产业集群实现集群创新、促进集群成长、达成集群目标的关键。

但是纵观江苏省乃至全国的产业集群，产业集群的形成往往离不开政府主导，这一方面促进了产业集群这一形式在各地快速兴起和发展，另一方面，也导致有些集群的形成较为粗放，重形式而轻内涵，成为企业的堆积而未形成企业之间的联系。由此，产业集群内部的知识共享并未引起足够重视，企业参与知识共享的意愿并不强烈，共享效果并不明显。而且促进集群知识共享的相关激励政策、措施也不健全，针对性不强。本书分析认为，不理解知识共享的作用、不知道如何进行知识共享是影响集群知识共享行为和效果的重要原因之一。

1.1.1.3 社会网络理论为解释相似环境下的产业集群绩效差异化提供新视角

从整个经济版图来看，硅谷和"128公路"地区，具有相似产业环境、政策环境、文化氛围甚至相似技术资源的，但作为产业集群，两者却取得了完全不同的发展效果。学者们从创业文化、企业管理模式、网络结构的抗风险能力等角度分析了硅谷和"128公路"绩效存在差异的原因（任玥，2008；王发明等，2006）。而将这两者分别看作一个集群的话，可以发现，两者内部存在不同关系网络下形成了不同的知识共享机制（Saxenian，1994），换言之，集群不同的网络结构导致了集群内部知识共享的差异，进而影响了集群的绩效。江苏产业集群发展从改革开放初期就出现了雏形。目前，已形成了数量众多，具有一定技术水平，行业分类广泛的产业集群。产业集群在江苏经济发展中具有重要地位。据统计，全省工业总产值有超过80%来自各个产业集群[①]。区别于其他国家产业集群自主发展、自动演化的过程，弗赖伊和施莱费尔（Frye & Shleifer，1997）认为，在转型经济中，政府发挥扶持之手（helping hand）或掠夺之手（grabbing hand）作用深刻影响了经济和社会结果（张五常，2009；方红生和张军，2013）。中国情境下的产业集群更多体现出政府主导的特点，众多学者认为，江苏经济发展过程中，政府长期在产业选择和发展模式方面发挥了扶持之手的作用。各级政府在推动新兴产业发展过程中，也更加重视以产业集群的形式来规划和引导产业发展，"专业园区""产业链招商"等政府词汇都是产业集群式发展的体现。在实践中可以发现，发生在本世纪初硅谷与"128公路"地区的问题，也同样存在于江苏乃至全国的产业集群中，即：相似的宏观经济环境、类似的技术环境、文化氛围、政策环境下，不同的产业集群为何会表现出绩效上的差异？

在此基础上，进一步研究科技型产业集群知识共享及其对集群绩效的作用：一方面，借鉴其他国家和地区发展产业集群的既有经验，紧密结合江苏近年来的工作实践及工作成效，对科技型产业培育及集群发展的机制与路径做深入探讨；另一方面，随着社会网络理论在经济、管理领域的兴起，组织网络的影响研究逐渐成为热点领域（Tsai，2001；Schilling & Phelps，2007；Fang et al.，2010；Phelps，2010）。因此，在研究中，综合了产业集群、社会网络、知识管理等理论，采用实地调研、问卷调查、经济计量分析等方法，以江苏科技型产业集群为样本进行实证分析。

1.1.2 主要研究问题

基于社会网络理论的集群网络研究重要性越来越为实务界和理论界所认

---

① 数据来源：根据江苏省发展和改革委员会2014年度产业集群统计数据计算。

同和接受，而且集群网络内部的良性互动越来越被视为集群发展获得成功的关键资源。在集群成员企业众多的互动行为中，企业之间的合作和交易成本降低是可以看得见好处，信息与知识的交流、交换，即知识共享降低了知识获取的难度，是看不见的好处，这个方面对于科技型集群尤为重要。本书基于社会网络理论，提出集群内成员企业之间互动的网络特征影响了集群知识共享行为和效果。描述一个社会网络特征的概念较多，包括网络规模、网络密度、网络可达性、网络集中度、结构洞等。本书从对知识共享有直接影响和实证研究可测量的角度来看，重点研究网络密度、网络集中度对知识共享的影响。有关这些概念的含义、测量、功能等将在概念界定和文献回顾中详细解释。在对集群事情情况分析的基础上，经过对现实集群知识共享问题的提炼，形成本书研究的科学问题，重点研究如下几个方面的问题。

1.1.2.1 集群网络特征对集群知识共享的影响研究

本书从网络密度、网络集中度两个概念来描述一个集群网络区别与另一个网络的因素，其中网络集中度又从网络程度集中度和网络中介集中度两个方面来表示。而对于集群知识共享，将其从共享的知识与集群中已存在的知识的紧密程度，划分为深度知识共享和广度知识共享两个维度进行深入研究。将集群网络特征对集群知识共享的影响研究分为三个子研究问题，包括：一是集群网络密度分别对深度知识共享、广度知识共享的影响；二是集群网络程度集中度分别对两类知识共享的影响；三是集群网络中介中心度分别对两类知识共享的影响。

1.1.2.2 知识共享意愿调节影响研究

社会科学是建立在一定的假设和条件基础上的科学，权变理论贯穿于管理研究的始终。沿着这个思路，本书进一步研究集群网络特征与知识共享之间关系的权变性。具体而言，本书首先提出集群成员企业的知识共享意愿影响着集群网络特征与知识共享之间的关系，所要研究问题包括：一是知识共享意愿是否在集群网络密度与集群知识共享（深度知识共享、广度知识共享）之间关系上起到调节作用；二是是否在集群网络程度中心性与集群知识共享之间关系上有调节影响；三是是否在集群网络中介中心性与集群知识共享之间关系上有调节影响。

1.1.2.3 知识共享能力的调节之调节影响

调节之调节是深度研究问题的一种技术和工具，在研究方法上，采用两者互动的方式来表达。在本书研究中，网络提供的是机会或限制，对知识共享的影响还取决于成员企业知识共享意愿和知识共享的能力。具体包括：一是两者互动是否调节影响网络密度与知识共享之间的关系；二是两者互动是否调节影响网络程度中心度对知识共享之间的关系；三是两者互动是否调节影响网络中介中心度对知识共享之间的关系。

1.1.2.4 集群知识共享作用的研究

由于因果关系存在着一定的模糊性，集群知识共享是否有利于集群成功很难通过简单的观察来发现，这就需要通过实证研究，揭示其内在本质。本书是以集群为研究对象，与以往研究知识共享对单个企业的影响不同，研究集群知识共享对集群绩效的影响，其中集群绩效从短期和长期两个方面来衡量，短期绩效用集群整体财务绩效表示、长期绩效用创新绩效来表示。具体研究问题包括两个：一个是深度知识共享分别对集群整体财务绩效、集群创新绩效的影响；另一个是广度知识共享分别对集群的这个两类绩效的影响。

1.1.3 研究的理论意义

一是基于社会网络的研究更能揭示了集群知识共享本质。本书将集群视为一种社会网络，集群参与主体之间互动模式的不同使得集群网络具有相对独特的个性。集群网络成员之间知识共享是一种重要的互动模式，因此基于知识共享的集群参与主体互动是促进科技型产业集群发展的重要动力。在科技型产业集群中，成员企业的竞争与合作表现得比传统以资源要素投入为主的集群更加频繁。在集群网络中，科技型企业本身对外部知识的交流互动的需求大大提升，上下游协作关系中成员之间的知识共享表现得更为便利、更有效率，促进集群层面的共有知识的增加，这也直接影响集群整体创新能力和集群成员的竞争力。

二是基于权变思想的研究增加了集群知识共享研究的科学性和实用性。集群网络为集群知识共享提供了机会，但是网络功能的发挥还需要其他必备条件。对于知识共享来说，集群网络只是一个必要因素，而不是充分因素。本书分别研究集群知识共享意愿的调节影响，以及知识共享能力的调节之调节影响。这样的研究使得集群网络对知识共享的影响更加深入，更能说明两者之间作用的本质和条件。

三是集群层次的大样本定量研究拓宽了已有集群的研究方法。本书首先是以集群为研究对象，问卷调查了近 100 家江苏省的科技型产业集群，获得了一手数据，在此基础上进行了大样本的实证研究，而以往的相关研究主要以案例研究为主。另外，本书是基于社会网络视角的研究，每个集群都有一个相对清晰的边界，是采用整体网络研究方法合适的情境，便于对集群网络集中度的测量。集群网络程度中心度和中介中心度分别用程度中心性和中介中心性来测量。

四是理清集群知识共享对集群绩效的影响。集群知识共享集群有何意义也是一个没有一致结论的问题。本书认为结论不一致的主要是因为过于笼统的集群知识共享和集群绩效研究往往很难深入揭示其中的本质。本书将集群绩效分别从短期和长期两个角度考虑，并研究深度知识共享和广度知识分析分别对它们的影响，从而可以较为系统考虑这个问题，并兼容以往研究不一致的结论。

1.1.4 研究的现实意义

本书的研究除了具有一定的理论价值以外，还有一定的实践意义。

其一，从企业层面来看，集群知识共享促进产业创新能力提升。在集群形成与发展阶段，作为集群单元的企业一方面主动利用其内部的知识、市场知识和集群基础性知识要素提升自身能力；另一方面通过与其他企业的社会性互动实现产业体系内部的知识共享，促进整个产业创新能力的提升。

其二，从政府层面来看，引导集群发展需要从再造集群网络结构、提高集群成员企业知识共享意愿和能力三个方面去搭建集群知识共享平台，促进集群知识共享。①中国产业集群的形成和发展多源于政府引导，明晰了集群网络结构特征对知识共享进而对绩效的影响，就可以推动政府从集群规划、建设初期合理配置集群网络；②在推动集群发展方面，可以不再局限于土地、税收等优惠，而转向提供促进优化配置集群网络结构的政策激励；③此外，从更宏观的环境着眼，为鼓励集群企业提高知识共享意愿，需要建立鼓励知识共享的激励机制，降低企业对共享可能带来的知识产权权益受损的顾虑。因此，既需要从加强知识产权制度的角度，增加创新激励、资源配置和维护市场竞争秩序的政策供给，也需要从搭建知识共享平台、增进知识共享机会等角度改善相关措施的供给。2015 年，江苏科技进步对经济增长的贡献率达60%，区域创新能力连续 7 年居全国首位，知识、技术对经济增长的效应明显体现，且其未来的累积效应将大大超过劳动力和资本推动集群知识共享。

其三，明确了集群发展各个主体的角色和功能。①地方政府的作用。产业集群是区域经济发展的重要抓手，作为区域"产业链"治理的重要主体，地方政府应参与到集群"产业链"治理过程中，地方政府作为产业集群发展政策的实际供给者，可以借助各种行政管理手段，改善产业链赖以生存发展的区域社会和经济环境，引导产业集群发展的方向。②集群管理者的作用。集群的实际管理由开发区管委会承担，他们本身是产业集群生态系统中的一员，又从各个方面为产业集群提供良好服务。如，通过招商引资合理配置产业集群成员结构；协调产业链上企业之间的利益冲突，增强企业间凝聚力；提供为所有集群成员企业服务的公共平台等。集群管理方还可以弥补企业仅从自身利益出发而采取的消极态度或不利行为对整个区域产业发展造成的影响。③集群龙头企业（核心企业）需要发挥积极作用。龙头企业决定了一个产业集群的产业定位和发展，其他企业都是围绕着龙头企业开展生产经营活动，并提供相应的服务。在一个产业集群的发展中，龙头企业需要主动承担知识共享的责任，建立知识共享文化，提供共享平台等。④普通企业的作用。集群除龙头企业以外的企业或机构构成了集群生态的重要组成部分，这些企业要主动加强与龙头企业之间的互动，提高产业协作能力。

1.2　核心概念界定

1.2.1　集群网络特征

社会网络（social network）是一种基于节点之间的相互联结形成的网状结构而产生的一种形象比拟。社会网络研究是一种系统的社会学研究范式，已有近100年的历史。社会网络起初主要研究个体之间的互动关系，是指社会个体成员之间因为互动而形成的相对稳定的关系体系，社会网络关注的是人们之间的互动和联系，社会互动会影响人们的社会行为。随着社会网络理论和研究方法的丰富，社会网络研究从个体向群体、组织、跨组织等宏观层次扩展，并取得了丰硕的成果。很多社会网络理论可以运用到较高层次上，例如，将产业集群视为一种社会网络更利于揭示集群运行的本质。同时，跨学科研究的脚步也在加快，特别是在管理研究领域更是当今研究的热点。

产业集群是在某一特定区域内，互相联系的、在地理位置上相对集中的企业和机构的集合。产业集群可以视为一个复杂的网络，集群内的各个组织不是孤立的，它们之间基于市场交换或社会联结而产生各种各样的网络关系，彼此关联互动，由此形成其特有的网络结构（曹丽莉，2008），本书称之为集群网络。本书重点阐述三个核心概念，分别是网络密度、网络程度中心性、网络中介中心性。

1.2.1.1　网络密度

网络密度（network density）是指个体之间实际联结的数目与他们之间可能存在的最大联结数目的比值。比值越高，网络密度就越大。网络密度反映了网络中个体之间直接互动的情况，当网络中个体直接互动数量多时，说明网络密度大。当研究不同网络结构之间差异时，网络密度是个重要的指标。例如，由六个人组成的一个网络，如果六个人相互都有联系，网络密度最高，称为"全联网"（clique）；如果密度比较高，但是并不是全联系，就是"高密网"；再向下还有"低密网"和"无联网"。当然无联网并不存在，因为如果没有联系，就没有这样一个网络存在，一般在研究一个网络的次级网络时出现。网络密度影响网络中个体的行为。当网络密度高时，网络中易于形成较为强的行为规范，个体行为受到网络的影响较大，受到的约束越高。本书中的网络密度是指在一个产业集群中，企业或其他机构之间直接交往的关系数占它们之间可能存在的最大关系数的比例。

1.2.1.2　网络程度中心性

网络集中度（centralization）是指网络以一个或少数几个个体为中心，其他个体围绕着他们发生联系的程度。高集中度的网络往往是更为机械，而具有多个结构中心的组织则可能是更有机的（Shrader，1989）。在网络集中度的研究中，又有两个维度一直是社会网络研究重点，一个是网络程度集中度，另一个是网络中介集中度。程度集中度一般用程度中心性（degree centrality）来表达，而中介中心度用中介中心性（betweenness centrality）来表达。

网络程度中心性反映了网络结构化程度，是区分不同网络之间差异的核心指标。当一个网络存在一个或几个个体处于核心位置时，其他个体以他们为核心，就说明这个网络程度中心性高，这个网络就越正规化、规范化，甚至层级化。相反，网络中没有核心个体存在，成员之间互动更为平等，这个网络就是低网络程度中心性的，网络正规化和规范性程度低，更类似于有机式组织的特征。在对网络程度中心性的测量中，常用两种方式，一种叫做绝对中心性，另一种叫做相对中心性。当对网络结构进行比较时，如果两个网规模相同，则两种指标都可以；但是如果两个网络规模不同时，就必须采用相对中心性这个指标。

1.2.1.3　网络中介中心性

网络中介中心性（betweenness centrality）反映了一个网络中个体之间直接联系的程度。一个社会网络中并不是所有个体之间都能直接联系，有些个体之间的联系要通过第三方、甚至第四方才能达到。当网络中存在着较多的中间人或纽带时，说明网络中介中心性高；反之，则说明中介中心性低。网络中心性高表明一个网络中存在着较多的结构洞，信息传递的多样化程度就高。

在实际运用中，网络中介中心性是网络是否具有信息传递优势的衡量指标。从个体角度来说，当个体中介中心性高时，便在这个网络中占有信息优势，有利于其获取更多的信息优势。而从整体网络角度来说，当网络中介中心性高，说明网络中有丰富的结构洞，使得整个网络具有差异化的信息优势。

1.2.2 集群知识共享

经济发展离不开资源，企业经营更是离不开资源，资源基础理论告诉我们，企业是存储和整合资源的场所，具有单个个人不具有的优势。资源可以分为有形资源和无形资源。每个企业都不可能拥有所需要的所有资源，具有核心能力的企业都拥有核心资源，而核心能力主要来源于无形资源。随着知识经济时代的到来，作为无形资源核心的知识资源的重要性已经逐步显露，知识基础理论揭示出企业是探索、吸收、消化、整合和商业化知识资源的场所。企业从对有形资源的竞争逐步过渡到对无形资源的争夺上。他们都努力与外部接触、交往和合作来吸收外部知识，同时也在积极引导企业内部员工学习，以消化、吸收和创新知识。无论外部搜索还是内部整合知识资源，都需要一定程度的知识共享。因此知识共享在知识管理中处于核心位置。

基于不同的角度和研究目的，知识共享的界定和范围也不同。在众多的研究中，将知识共享视为知识管理的重要职能被更多学者所接受。将知识共享视为一种分享知识的行为，是一种以知识资源为交换物的交换活动。根据知识基础理论，不同企业拥有差异性的知识资源，为了实现企业目标，不同知识拥有者之间需要知识共享（Hendriks，1996；Nonaka & Takeuchi，1995）。本书在接受知识共享过程观的基础上，认为知识共享是产业集群网络中的各种组织之间知识交换、信息交流的过程，其内涵是，知识共享是指集群网络中各类主体将所拥有的异质性知识投入到知识共享平台，集群网络内的所有组织可以根据需要从这个共享平台中获取所需要的知识，实现组织的目标。本书进一步将集群中知识共享分为两种类型，其一是深度知识共享，是指企业沿着已有的技术轨迹、知识和惯例学习，表现在对产品功能、生产技术、市场信息等进行深度开发和完善所需要的知识的学习过程；其二是广度知识共享，是指企业沿着全新的知识、技术轨迹进行学习（Gupta et al.，2006），表现在对现有产品、技术或市场的放弃，寻求新的解决问题的方式，探索新的商业模式等。

1.2.3　知识共享意愿和知识共享能力

知识共享意愿（intention to knowledge sharing）是指个体愿意与他人共享知识的主观可能性的程度（Ford et al.，2004）。知识共享的意愿并非一种行为，而是一种主观的倾向性或意图。知识共享意愿是可以有效预测知识共享行为的一个非常重要的构念：一方面，影响着知识共享行为和共享效果，劳和帕特里奇（Law & Partridge，2002）指出，知识共享意愿应该是知识共享行为的一个前因变量；另一方面，作用一种心理状态，具有主观能动性的功能，能够充分发挥其他因素对知识共享的作用，越是难以学习的知识，越需要成员之间有共享的意愿。本书在此基础上进一步认为知识共享意愿不仅是知识共享行为产生和最终效果的直接影响因素，还有可能在集群网络特征与知识共享之间起到调节作用。

知识共享能力是指一个企业有效共享其所拥有的各种知识资源的能力。知识共享能力本身也反映了企业的吸收能力的强弱，是企业学习能力的一个重要标志。知识共享能力的强弱受两个方面因素影响，一是其知识共享的技术能力，二是非技术能力，这两个因素之间相互促进，只有这两个能力都较强时，企业才具有较强的知识共享能力。本书沿着这个思路，将知识共享能力进行了延伸和扩展，从组织层面延伸到集群层面，并认为集群知识共享能力是指集群中成员企业投入其他企业所需知识、吸收集群知识的能力。集群知识共享能力是集群知识共享的前提和基础，没有知识共享能力，就不存在知识共享。集群中的成员企业在知识共享中承担者两种角色，其一是共享知识的提供者。在企业合作和交流中，积极将所拥有的知识投入到集群中，供其他企业使用；其二是共享知识的吸收者，利用集群网络，吸收集群其他组织贡献共享知识。知识共享的效果是由这两个方面共同作用所决定的。无论是知识供给还是吸收，也就是共享的效果都取决于知识共享能力的大小。

1.3 研究方法、技术路线

1.3.1 研究方法

1.3.1.1 研究方法

科学规范的组织研究方法是一项研究得以开展、理论得以修正和接受的关键。国内管理研究从"重思想、重理论"到"重形式、重方法"，再到"重思想、重方法、重形式"，正逐步趋于科学化和规范化。在人类的求知方法中，求助传说和权威的时代已经过去，人们更多地利用逻辑方法和利用科学方法以及两者结合来探索未知知识。科学规范的研究方法涉及"认识论"和"方法论"。"认识论"可以看作是"求知的科学"，而"方法论"是指"如何找到真理的科学"。理论的诠释、显著事实的确定，以及事实与理论的匹配组成了学者追求科学的基本范式，这就是规范科学（Kuhn，1962）。规范科学是实证科学，即数据、证据或观察使支持理论的必要组成部分（Popper，1968）。本书主要从科学研究的认识论、方法论和具体的研究方法三个方面分别来说明本书研究采用的方法。

在认识论方面，认识世界的方式很多，但检验方法是唯一的，即实践是检验真理的唯一标准和方法；在研究中以科学的求知方式为核心，从现代主义认识论认识现实问题。对于一个存在的问题或现实，承认人们对其有不同的经验，客观现实和主观经验能够并存。认识事物有一个循序渐进过程，理论构建需要吸收前人优秀的成果，用唯物主义历史观看来科学知识的发展观。

　　在方法论方面，秉承科学研究是可证伪的研究，可证伪性是衡量本书科学问题提出的衡量依据。科学规范的研究过程是一个涉及许多活动的不断循环的过程，该过程可以始于理论，也可以终于理论，这种方法可以成为演绎的检验假设的研究。从对一种现象或问题的观察开始，最终形成理论，这种方法被认为是归纳的构建理论的研究方法。在这两种方法中都用到逻辑推导过程和实证验证过程。

　　在具体的研究方法上，本书主要采取问卷调查的方法收集数据。问卷发放通过三种方式进行：现场发放并回收、通过管委会电子邮件发放并回收，以及通过邮寄问卷调查。将回收的问卷进行整理后将数据录入数据库，形成原始数据。现将本研究使用的主要方法简单介绍，详细过程在第4章研究方法中分析与讨论。

　　（1）构念信度与效度检验。本研究的构念虽然主要来自于对中国市场环境的研究，但是主要来自于英文文献，因此翻译成中文并在中国情境下使用前必须保持一定的信度和效度。本研究主要采用验证性因子分析（CFA）（Anderson & Gerbing，1988）。

　　（2）样本代表性检验。回应偏差检验：首先，对回应企业与未回应企业的规模进行 T 检验；其次，对先回应企业与后回应企业的规模进行 T 检验。

　　（3）同源方差控制与检验。如果收集到的数据存在严重的同源方差现象，那么利用这样的数据进行分析得出的结论的可信度和正确性就会显著降低，甚至导致研究没有任何价值。因此在正式问卷调查之前本书采用一定的控制方法，包括：改善量表的指标质量、分离数据来源、问卷采用匿名回答等。在检验方法上，本研究主要采用哈曼（Harman，1988）单因素检验方法来检验收集的数据的同源方差严重程度。

　　（4）描述性统计分析。对变量采用叙述性统计分析的方法，首先，报告各变量的最大值、最小值、平均数和标准差等用以确定变量是否有足够的变异程度用于分析。其次，采用统计分析软件 SPSS18.0 来分析各主要变量之间的皮尔森相关系数来初步预测变量之间的关系以便于随后的分析。

　　（5）回归分析。本书假设中的主效应、调节效应，以及控制变量效应都采用回归分析的方法。本书采用统计分析软件 SPSS18.0 主要以普通最小二乘法进行线性回归，获取分析结果。

1.3.1.2 具体研究工具

本书综合运用了多种研究方法和手段完成实证研究，其中在数据处理方面使用到 SPSS18.0 软件进行回归分析、使用结构方程模型思想，使用结构方程模型软件 Lisrel 8.60 进行量表的信度和效度检验。因为结构方程模型思想是一种模型之间对比思想，现阶段在管理研究方面运用较广，如下是对结构方程模型思想介绍。

结构方程模型分为测量方程和结构方程两个部分。测量方程说明潜变量与指标之间的关系，结构方程描述潜变量之间的关系。因为本书主要使用测量模型进行量表与数据质量分析，如下部分重点介绍测量模型的原理。

测量模型主要用于本研究中的因子分析，开发变量测量量表、效度检验等方面，是处理主观数据的有力的工具和方法。

公式：
$$x = \Lambda_x \xi + \delta$$
$$y = \Lambda_y \eta + \varepsilon$$

其中：

x——外生指标（外生显变量）组成的向量

y——内生指标（内生显变量）组成的向量

Λ_x——外生指标与外生潜变量之间的关系，是外生指标在外生潜变量上的因子负载矩阵

Λ_y——内生指标与内生潜变量之间的关系，是内生指标在内生潜变量上的因子负载矩阵

ξ——外生潜变量

η——内生潜变量

δ——外生指标 x 的误差项

ε——内生指标 y 的误差项

在测量模型中主要运用到五个由软件自动生存的矩阵，并根据假设模型与原始数据模型最大拟合原则，并根据自由度，对探索式因子分析和强制的验证性因子分析，最终完成对量表和数据质量的检验。

1.3.2 样本选择与收集方法

1.3.2.1 样本选择

以产业集群为研究对象的大样本研究存在的最大难题是如何能够调查到足够多的集群数据。本书选择江苏省的科技型产业集群为研究对象，在一定程度上解决了数据收集的难题。因为江苏省经济发达，制造业基础雄厚，产业集群发展具有较长的发展历史和较好的产业基础，总体发展水平走在全国前列，全省各类特色产业园区（产业集群的载体）数量较多，符合研究要求。选择科技型产业集群作为本书研究对象的主要原因是，这样的集群更关注知识共享，更会将创新提高到战略高度，是研究集群知识共享的理想环境。另外，江苏省对科技型产业集群有明确的界定标准，便于本书对产业集群的选择和调研。在实证研究的测量方面，本书对集群网络密度、程度中心性、中介中心性的测量采用整体网络分析方法，需要一个边界较为清晰的集群作为边界清晰的社会网。

1.3.2.2 数据收集

（1）二手数据收集。通过江苏省发改委和江苏省经信委，获取江苏省具有一定规模的产业集群名目，包括集群数目、集群名称、集群类型、集群规模、集群成立时间、集群所在位置等初步信息。这些信息既用于进行一手数据收集的准备工作，又可直接作为本书所需实证分析的数据。

（2）一手数据收集。一手数据的收集采取问卷调查方法。问卷调查是最重要的数据收集方法，本研究的数据有两种类型，第一种是客观数据，如集群成立时间、规模等数据，以及集群绩效的两个维度：整体财务绩效和集群创新绩效等，这些数据可以作为对二手数据的对比，检验其是否存在误差。这些方面的数据可以通过直接的访谈、问卷等方式获得。第二种是主观数据，本书的构念操作化后的变量很难通过客观数据来测量，以主观回答为主，采用五点里克特量表来测量，包括：集群网络的程度中心性和中介中心性、知识共享两个维度：深度知识共享和广度知识共享、知识共享意愿、知识共享能力等。

1.3.2.3 数据调查

一是小样本现场问卷调查，进行预测试。对于集群层次的大样本研究，在进行大样本问卷调查之前，需要对构念指标进行修改、完善；需要对量表的信度、效度进行初步检验。在满足这些条件的情况下，将问卷定型。同时，确定适合的填写问卷对象，确保信息提供者对本研究所要调查的问题是了解和熟悉的。这些工作必须在大样本调查之前完成，因为集群层次的大样本调查需要牵动多方力量、协调各方关系、消耗大量时间、精力和成本的活动。如果在进行大样本调查时发现存在着问题和瑕疵，重新调研难度较大，而且对相同的对象发放相同的问卷重复调查，将会降低数据质量。

二是大样本问卷调查。通过预测试后，各方面工作就绪后，就开始进行大样本问卷调查。为了确保大样本问卷调查的数据质量和回收率，大样本调查主要与江苏省发展和改革委员会相关调研相结合，部分集群结合了江苏省经济和信息化委员会相关调研，并相应分别以两家单位名义负责发放与回收问卷。

1.3.3 研究的技术路线与研究过程

本项研究过程可以分为六个不同的重要阶段：

第一阶段：从现实的产业集群实践中，发现存在的问题，并提炼出可证伪的科学问题；

第二阶段：结合相关理论，通过逻辑演绎，构建研究框架和研究假设；

第三阶段：将理论假设和相关构念进行操作化，使其转化为可验证的计量模型；

第四阶段：对研究对象进行观察，获取所需数据；

第五阶段：采用具体的研究方法，对数据分析，进行实证总结；

第六阶段：根据实证结果得出相关结论。

每个研究阶段所要采取的研究技术及方法有所不同，这就构成了本书研究的技术路线，如图 1 - 1 所示。

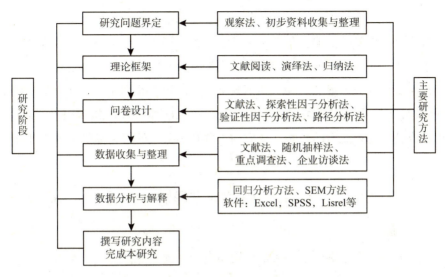

图 1-1　本书的技术路线

1.4　可能的创新之处

本书综合社会网络理论、产业集群理论、知识共享理论等多种理论，建立了研究模型，即在一定条件下"集群网络结构—知识共享—集群绩效"理论模型。具体而言，本研究在以下几个方面具有创新之处：

第一，在跨学科研究方面具有一定的创新性。用社会学视角来研究产业集群，将产业集群视为一种社会网络，用社会网络理论来研究知识共享问题，更能揭示集群知识共享行为产生的原因，更能促进集群知识共享效果。集群网络结构影响集群知识共享，一定程度上拓展了产业集群研究的疆域。

第二，研究方法上的创新。本书以产业集群为研究对象，进行了大样本的实证研究，对以案例研究为主的集群研究做了有益的补充，为产业集群研究提供了新的内容，更加凸显产业集群的共性。另外，在对网络特征的程度中心性和中介中心性的测量上，与以往主要以主观量表测量的研究不同，本书采用主客观相结合的方式进行。首先是对两个构念的三个题项进行主观的问卷调查，其次是将调查的数据通过网络分析软件进行客观计算，获得两个构念的得分。

第三，研究结论具有一定的创新。本书揭示了集群结构的差异对集群知识共享有着重要的影响，集群网络密度、集群网络程度中心性和集群网络中介中心性对知识共享的作用存在着一定的差异。同时，集群网络特征的功能发挥还受到其他因素的影响，知识共享意愿和知识共享能力是其中两个重要的因素，即，集群网络特征对深度知识共享、广度知识共享的影响程度受到集群成员态度和能力的影响，从而为集群知识共享的研究提供了理论基础。

1.5　本书章节导览

本书共分为七章内容，文章结构和章节安排如下：

第1章为导论，共分五节内容，主要是对本书的研究背景进行描述并提炼出本书的研究问题。在对研究问题阐述清楚后进一步说明对其研究的实践意义和理论意义。接着对本书涉及的核心概念进行适合本研究的界定。探讨了本书总的研究思路、研究方法和技术路线，为本研究的顺利完成奠定方法论基础和具体研究方法选择，为本书实证研究的顺利进行起到了指导作用。随后对本书可能的创新之处进行梳理和阐述，提炼了三点可能的创新之处。最后对本书的逻辑关系及章节安排进行了说明。

第2章为文献回顾，共分为六节内容。对产业集群、社会网络、知识共享、知识共享意愿、知识共享能力等方面进行了较为详细的梳理和整理。第1节主要对产业集群相关研究进行了归纳总结，包括产业集群的概念、界定、维度等，重点对产业集群相关理论、产业集群中的知识管理等进行了深入总结，并对现有研究的不足进行了说明。第2节回顾了社会网络相关研究，包括社会网络研究的历史演变过程、社会网络的内涵和分类等，重点对社会网络研究方法和社会网络的重要理论进行了归纳和总结，为本书研究提供理论支持和实证方法。第3节对知识共享相关文献进行了梳理，包括知识共享界定、分类和测量、知识共享的影响因素以及作用。其中知识共享的分类、测量和作用是回顾的重点，也是本书需要借助的基础。第4节和第5节分别回顾了各个重要概念之间的关系，包括基于社会网络视角的产业集群研究和基于社会网络视角的知识共享研究，这些内容的回顾为本书的研究理论框架的构建起到了关键作用。第 6 节对现有研究的总结和概括，提出本书可借鉴之处。

第 3 章为本书的研究内容及研究假设。该部分是本书的理论构建，共分为三节进行论述。第 1 节总体说明本书的研究内容，为第 2 节展开论述提供基础。第 2 节是对第 1 节的展开论述，提出了本研究的理论假设，一是主效应假设，提出集群网络特征（结构）与集群知识共享之间关系的研究假设。二是调节效应假设，包括两个方面的调节效应。其一是知识共享意愿的调节作用；其二是知识共享能力的调节之调节作用假设。三是知识共享与集群绩效之间关系的假设。第 3 节是在第 2 节的基础上，提出本书的研究模型。最后是本章的总结部分，将本书研究的详细假设列表，便于清晰了解本研究的内容。

第 4 章为研究方法部分，包括计量经济模型和测量。该部分在研究假设与实证分析中起到承上启下作用，是假设转化为理论的桥梁，共分三节。第 1 节构建了本书的计量经济模型，为后边的实证研究提供依据。第 2 节是根据研究假设的构念关系来确定需要测量的变量、具体的测量方法的确定和问卷调查的方法。第 3 节对是对本章内容的小结。

第 5 章为数据收集部分，重点阐述本书研究数据收集过程和数据质量分析，包括三节内容。第 1 节重点说明了样本选择和数据收集过程，并对收集的数据进行了初步整理与分析。第 2 节重点对数据质量进行分析，确保数据能够用来进行假设检验，包括信度、效度分析、同源方差分析、多重共线性分析等。第 3 节对本章内容进行了小结。

第 6 章是数据分析及结果。该部分是在第 4 章完成的基础上，通过第 5 章的数据分析，对研究假设进行实证检验，是本书的核心部分之一，共分为三节内容，第 1 节为描述性统计和相关分析，包括描述性统计分析以初步检验数据的分布情况、均值和标准差情况，以及相关分析，以了解各个变量之间的相关关系，以了解变量全貌。第 2 节对本书的研究假设进行了检验，主要采用多元层级线性回归的方法。具体采用的方法包括主效应检验方法、调节效应检验方法。最后一节对本章的假设检验的结果进行总结。

第 7 章为全书总结部分，共分四节内容。包括本书结论、研究的贡献和不足，并对未来的研究方向进行了探讨。

第 2 章

既 有 研 究

　　根据本书的研究问题，接下来对已有相关文献进行整理和回顾，掌握现有研究对该研究问题的研究阶段、层次和方法，在此基础上运用产业集群理论、社会网络理论、知识管理理论等提出本书研究框架和理论。本书重点文献回顾的内容包括：产业集群相关研究回顾、社会网络相关研究回顾、知识共享相关研究回顾，以及现有研究它们之间关系的文献回顾。

2.1　产业集群相关研究

2.1.1　产业集群界定、类型

2.1.1.1　产业集群的概念界定

　　集群一词发源于英文中的 cluster，其本义是指同一种类的事物彼此之间相互依附生长。受益于 20 世纪 80 年代中期以后全球信息技术革命和社会大分工的影响，产业集群开始大规模涌现并受到广泛关注。产业集群（industrial cluster）指的就是某一行业的企业在空间和时间上发生的集聚现象，并且彼此之间相互合作成长，在中国情境下，通常表现以"工业园"或是"某某产业园"为载体。

美国战略管理学家波特（Porter，1990）率先提出用产业集群一词对集群现象的分析。所谓产业集群，是指具有社会大分工背景的企业组织或是个人在社会网络结构中所形成的一种空间集聚体。从资源整合与优化配置的角度来看，产业集群是指按照帕累托最优的社会资源将各种资源要素按照既定的方式、方法进行整合与重组，从而构建出对本区域来说具备最优竞争优势资源的一种经济活动。按照新制度经济学的观点表述，产业集群就是一种在市场与企业之间牵线搭桥，促进二者之间相互依赖和相互竞争的这种竞合关系的中介组织，其主要依赖于社会关系网络，组织信任度、承诺度来实现其协调的功能。因此，企业组织在市场经济中既可直接以个体的形式与市场发生相互作用，亦可融入产业集群以整个组织整体与市场发生相互作用。综合看来，学术界主要有以下称谓：产业聚合、产业簇群、产业集群、产业区、企业集群、专业化生产区等等。在实际生活中，虽然目前用得最多的仍然是"产业集群"和"企业集群"，但是二者归根结底还是有本质的区别。前者主要是指存在于市场与企业之间的一种中间组织形式，其内部还包括市场中介结构、政府、社会团体、高等学府、研究所等组织实体，属经济学范畴；而后者主要是指企业之间依靠相互依赖关系而采取强强联合的企业团体，属管理学范畴。胡宇辰（2005）在充分比较产业集群与企业集群的区别之后，认为产业集群能够表述"集群"的经济特性，因而比企业集群更加合适。

国内外学者对于产业集群的概念界定没有形成统一的意见，但是大致有以下代表学说：

斯旺和普雷韦泽（Swann & Prevezer，1996）指出产业集群就是各种相互协作的企业集群在特定的区域内的一种客观现象。联合国工业发展组织（UNIDO）认为，产业集群就是业务和产品上具有共性的企业在地理位置上形成的聚集现象，这能够形成外部经济。西奥和罗拉兰特（Theo & Role-landt，1998）认为产业集群就是具有相互依赖型的企业、中介机构和客户彼此之间相互学习技术、降低沟通成本、取得协同效益等的网络群体。

国内学者关于产业集群的研究较西方迟，主要流行与 20 世纪 90 年代末，主要有：仇保兴（1999）认为产业集群是由一群相互依赖的中小企业组成，彼此之间的互动合作能够形成产业集群内的"外部经济"。产业集群就是指资本、劳动力、生产技术和企业家之间在空间和时间上的集群经济现象，这种现象所带来的协同效益会增强企业组织之间，企业组织与外界之间的沟通能力，从而使得产业群体发展规模和实力增强，类似行业的组织或个体会"慕名而来"，并向集群区域进行迁移（王缉慈等，2001）。具体整理如表2-1所示。

表2-1　　　　　　　　　　　　　产业集群的定义

来源及角度	对产业集群的定义
克林斯简明辞典	集群是一定数量的紧密生长在一起的同类事物（人或事）的聚集
Bergsman（1972）（劳动力市场角度）	通过任意两组经济行为中的就业人数是否具有相关性判断是否属于产业集群，趋向于同一地域的相似经济活动
Rolelandt（1998）	产业集群就是具有相互依赖型的企业、中介机构和客户彼此之间相互学习技术、降低沟通成本、取得协同效益等的网络群体
Porter（1990）	产业集群是相关产业内部企业集团、供应商、生产机构、销售组织等经济实体之间既相互竞争，又相互合作的一种现象，并且在地理上表现集聚
Pyke（1992）	同一产业内部生产相互依赖的企业集群现象，并根植于地方社区
Rosenfeld（1997）	具有相同或是类似经营业务范围的企业在地理范围上形成的集聚形式，以便依靠"组织"获得经济上的规模效应，而其加入企业组织是在经营一种互惠的商业交易
联合国工业发展组织（2001）	产业集群就是业务和产品上具有共性的企业在地理位置上形成的聚集现象，这能够形成外部经济
OECD（2002）	相互依赖的企业、知识生产机构（大学、研究所、技术提供企业）、中介机构（技术或咨询服务提供者）和消费者联系的网络，与生产链的创造和增值有关
曾忠禄（1997）	同一产业的企业以及相关产业的企业在地理位置上的集中
仇保兴（1999）	克服市场失灵和内部组织失灵的一种制度性办法
王冰（2002）	簇群是一种适应经济发展要求并且面向未来的组织形式，它具有知识共享和成员之间信任度两种机制，并超脱市场权威
盖文启（2001）	中小企业间通过协作在生产经营中实现"专、精、尖"经济策略，相互协同创新的在特性范围内集群的现象
王缉慈（2001）	一个典型的综合社会网络，强调产业集群内企业共同的社会文化背景及价值观念是生产区域"根植性"基础条件。产业集群的各个主体聚集在一个特定的领域，由于具有共性和互补性联系在一起，王缉慈探讨了创新与集聚之间的关联，将文化、传统、制度、人缘、地缘、血缘等因素作为影响产业集聚的重要元素

来源及角度	对产业集群的定义
王洛林和魏后凯 （2003）	大量的产业区内具有经济关系的相关性企业在特性范围内形成的产业群落
杨冬梅等（2005）	存在于特定区域内的不同规模、不同机构、不同组织之间通过横纵交错的网络形成的空间群集
宋周莺和刘卫东 （2007）	产业集群是具有相互紧密联系的企业及其相关机构通过社会大分工和知识资源的共享在一定区域范围内的集聚现象，并根植于本区域的人文及社会环境
曹丽莉（2008）	在特定区域内相互联系的且相对集中的企业和机构的集合，包括共处一个竞争环境中相互关联的产业和其他实体

综上所述，产业集群是指若干生产同类产品或处于类似生产阶段的特定产业的企业，以及其他具有较为紧密联系的相关产业的企业和机构在某一特定地理区域内集聚，并在区域内形成该产业内的柔性专业化分工、较为紧密的合作网络、根植于本区域的社会文化环境的空间产业组织。

2.1.1.2 产业集群的分类

按照产业集群性质的不同，本书将产业集群分为如下三类：

一是传统产业集群。其主要以服装、玩具、制鞋类、农业、林业及纺织、陶瓷、日用五金等类型的劳动密集型制造业占多数，技术门槛较低，是广大中小企业及相关机构在一定的区域范围内部集聚形成产业群落。在这种产业集群内，企业规模较小，自主技术创新能力也相对较弱。例如，河南省虞城县南庄村钢卷尺集群等。

二是高新技术产业集群。其主要是高新技术背景并相互依赖的企业在一定的空间范围内的集聚，一种从研发、小试、中试、大试、生产、品质管控、销售等相互合作的配套体系。其是以知识为依托，毗邻大学城等高等学府或是科研机构，一般形成企业集群创新氛围。例如，美国硅谷高新技术和印度班加罗尔软件产业集群。

三是资本与技术相结合的产业集群。其不仅具有高新技术产业集群的特性，还对资金等资本提出了更高的要求，要求产业集群内部企业之间具有很强的技术交流、大量的资金投入但周转率较低的经济圈，产业主分布于新材料工业、航空航天工业、微电子行业、现代制药工业等。例如，德国南部的巴登—符腾堡产业集群。

此外，国内外学者也有将产业集群进行分类归纳，如 Markusen（1993）将产业集群分为四种类型：①马歇尔式产业区；②轮轴式产业区；③卫星平台式产业区；④国家力量依赖型产业区。Allbu（1997）将产业集群分为四类：①手工艺传统工业产业群；②组装的生产网络；③高技术综合园区；④基于大企业的工业中心。克诺林卡和斯塔默（Knorringa & Stamer，1998）在基于库森分类方法的基础之上，对发展中国家中的产业集群现象进行分析，并依此将产业集群分为以下三类：意大利式、卫星式和轮轴式产业集群。

1998 年，联合国贸易与发展会议按照产业集群内部企业生产技术水平的高低、产业集群变化的范围大小、产业集群企业之间合作力度和网络化程度的高低三个标准，将产业集群划分为五大类型，依次为：非正式产业集群、有组织产业集群、创新产业集群、科技产业集群、出口加工区产业集群。

仇保兴（1999）从产业集群内部企业之间的不同关系，认为中小企业产业集群主要有"市场型""锥型"和"混合网络型"这三种类型。王缉慈（2001）则认为我国目前普遍存在以下五种类型的集群现象：外向出口加工形成的产业基地、智力资本密集地区形成的产业集聚、高新产业开发区内部跨国集团形成的产业集群、本地乡镇企业自然发展起来的产业集群、由国有大中型企业构成的企业网络组织。陆岸萍（2003）基于产业升级的视角将产业集群主要划分为传统产业和高新科学技术产业集群。

2.1.2　产业集群的知识内涵、知识转移与知识共享

2.1.2.1　产业集群的知识特征及其分类

产业集群是具有相互依赖关系的企业、政府、相关社会机构、民间团体之间基于成本节降、提高利润或是某种特定目的的原因，进行相互之间知识共享的产业集聚群体。其突破了企业和单一产业的边界，虽然存在特定区域中，但是产业集群内部甚至于外部企业之间的竞争和合作、相关机构与政

府、民间等组织等的互动活动频繁不绝，在某种意义上说，其是该产业群内产品的深度加工和产业链的不断延伸，是基于产业结构的不断优化和升级。产业集群知识从不同的视角进行切入有不同的分类。

本书主要以第二、第三种产业集群为研究对象，统称为科技型产业集群。

第一，从知识是否显著的被捕捉的角度，柯林斯简明词典（Collins Concise Dictionary, 1990）认为产业集群知识具有显性知识、隐性知识和个人知识、共有知识等三个维度。具体说来，显性知识又称外显知识、明晰知识，对传播者而言是能否明确表达与传播、对受众学习者而言是能够明显被学习的这类知识体。知识共享者可以通过口头说教、教科书本、报纸杂志、娱乐媒体、数据库管理等媒介发布与传播，知识汲取者也可以通过这些工具进行学习与提升，并促进知识的再传播。相对于线性知识而言，隐性知识是指不易被大众传播和学习的知识统称。因为隐性知识主要存在于个人头脑，其主要载体形式为个人，很难通过以上的媒介进行传播与共享。

第二，从知识范围和空间的角度，将产业集群知识可以划分为内部知识与外部知识。内部知识是指产业集群内部企业组织之间所掌控的知识体，其涵盖各种专利技术、研究报告、科研成果、注册商标等资本形态。与此相对应的外部知识是产业集群实体所不曾拥有的，但是对产业集群有发展作用的各类知识。就其特征而言，内部知识为集群内部所拥有，知识流动性较大，知识共享意愿较强；而就外部知识而言，内部知识就越来越显得匮乏。因此，为组织的长久发展计，必须在既保持内部交流的同时，努力汲取外部知识，不断适应行业的发展变化。

综合国内外学者研究，产业集群的知识大致具有网络性、复杂性、集聚性、共享性、空间粘滞性、根植社会性等特性。

第一，网络性。产业集群内部各个企业组织之间往往是具有上下游的供应商、生产上与销售商关系，企业作为其中的节点构成产业一条产业链，这种产业链就是一种知识结构体系，形成了一种知识网络，且与产业集群之间形成了互动关系。此外企业与集群外部的企业之间的共享（如技术交流、知识共享会）也会形成集群外部的合作链，这些错综复杂的链条就构成了网络结构。

第二，复杂性。产业集群内部之间产业链的错综复杂必然导致知识链条体系的复杂多变，尤其是倡导自由竞争和自由发展的市场经济条件下亦是如此。一方的知识吸收者往往也是另一方知识的供给者。而且，随着互联网等信息科技的不断强大，创新的空间和范围将不断被放大，故而知识具有复杂性。

第三，聚集性。具有相同或类似的知识积累往往形成一个知识圈，如工业园区的电子产业集群。并且产业集群知识总是在基础知识之上遵循自身的路径不断增强。

第四，共享性。知识使用上的不冲突性使产业集群知识具共享性。正是由于共享性，集群知识具有外溢效果，形成外部经济。

第五，空间粘滞性。知识的粘滞性是指知识在产业集群之间流动的难易程度，产业集群内部知识共享是否成功的一个重要判断标准在于知识是否可以实现自由的流动。希配尔（Hippel，1994）在科学研究技术中率先提出了粘滞信息和信息粘滞的概念，是指信息转移过程中转化为指定需求者在指定地点可以运用的形式需要额外付出的代价、成本。储雪林和李红艳（2005）认为知识粘滞与显性知识、隐性知识之间具有某种客观关系，并进一步分析了影响知识粘滞的主客观因素。由于产业集群内部企业之间具有相对的地理区域集聚性，决定了集群企业之间可以通过空间上的便利性获得相应的隐性知识，体现了这部分知识的空间粘滞性。

第六，根植社会性。产业集群中的隐性知识（个人知识）也是集群企业在特性的社会文化背景之中形成的可供集群内部企业之间在生产过程使用的各种心理认识。格兰诺维特（Granovetter，1985）率先引入了"根植性"（embeddedness）的词汇，指出经济行为是根植于社会构筑的社会网络与社会制度，并且个人所拥有的隐性知识难以科技手段进行编码获取，因此只能通过面对面的交流分享与传播。社会根植性的特性使得产业集群之间形成的集群知识深深地嵌入于本地社会文化、生活习惯之中，从而形成其独特的优质资源。

2.1.2.2 产业集群的知识转移

蒂斯（Teece，1997）认为，知识转移就是在技术转移的环境下，企业积累大量跨企业边界的应用性知识的过程。蔡文彬（Tsai，2012）认为产业集群内部成员企业比较容易获得知识共享的"权限"，其他内部企业在传递知识信息时的意愿和能力相对于产业集群外部企业而言较强，从而能够实现企业预测的合作可行性，从这种程度上说，某种空间上的集聚性可以鼓励企业之间进行知识转移。

第一，产业集群知识转移的定义。狄克逊（Dixon，2000）认为组织内部知识转移就是将组织内部一方知识广泛的应用于组织内部另一方的过程。柯古和兰德（Kogu & Land，1992）认为企业知识转移的意愿和能力是企业生存发展的一个关键指标，因此在知识转移过程之中会间接地促进产业集群企业迅速的吸收相关知识并有效利用这方面的知识，并使得组织获得相对核心的竞争优势。也有学者认为知识转移是组织内部甚至是跨越组织表边界的知识共享，是不同组织之间的一种有目标、有计划、有针对性地知识共享（Szulanski，1996）。谭人鹏和霍国庆（2005）考虑到情境因素的作用，基于知识转移的流程角度认为其就是在特性环境中从传播者引入汲取者的行动方式。董小英（2007）则基于知识扩展和增值价值的角度认为其就是将经过实践检验的正确的知识或是技能应用于社会环境之中，以便提高知识的产出和应用实效的过程。

第二，产业集群知识转移研究现状。有学者认为企业组织或是个体之间的知识转移会在彼此信任度不佳的情形之下受到阻碍甚至造成传播无效。反之，信任度的较强会导致知识转移的高效并获得更多的转移机会。魏江和魏勇（2003）从分析产业集群的不同层次流程的学习机制入手，发掘了产业集群内部知识溢出作用。张志勇等（2007）基于社会网络结构和关系维度的视角，分析了网络特征对于知识转移产生相应作用力。毛冠凤（2008）通过对知识转移方式的研究，发现了产业集群内部人才流动的分类模型。

2.1.2.3　产业集群知识共享

产业集群内部的知识共享能够促进产业集群内部创新、科研技术、管理经验、生产工艺等传播与学习，并依此使得产业集群获得强大的竞争能力和规模效应（如节约成本、提高创新力），是决定产业集群在关键时候成败与否的重要因素之一。

产业集群中企业彼此之间的相互知识交流活动往往附着于基于产业链上

下游协作的供应关系、基于价值链的交易关系、基于地理毗邻和社会亲缘的社会关系、基于竞争与合作的动态联盟关系等（喻登科、周荣，2015），形成纵横交织的知识网络体系。知识的上下游之间界限并不如产业链条那般明朗，然而知识的分享交流必然形成不同的知识管理活动。尽管不同组织间知识共享的行为方式有所差异，产业集群的知识共享正是发生在企业组织之间知识传动和交流的行动之中。知识获取是集群知识链条的开端，是指企业从集群内部其他企业组织、科研机构、个人之间寻求知识的交流。企业组织之间的交流活动既有基于不同专利、知识产权、法律援助等无形资产的显性知识，又有通过企业员工在日常工作经验中集聚而成的技术创新、操作技能等隐性知识。但是，不论是企业组织之间的显性知识，还是个人之间形成的隐性知识，都需要转化为员工的心智内容，才能为接受知识的企业创造更大的效益。正如外国学者常言："员工是企业最宝贵的财富。"因此，产业集群的知识获取既包含了知识的内部化过程，也包含了知识的外部化过程。

为了提升产业集群的整体竞争力，正确认识集群内部知识共享的制约因素，必须通过知识管理等科学方法与手段，实现产业集群的知识资源的有效整合和利用，加快集群内的知识共享进程，提高集群内的知识共享效率。具体说来，第一，有利于产业集群适应不断变化的外部竞争环境。第二，有利于产业集群创新活动开展。

2.1.3 产业集群的竞争力与绩效

2.1.3.1 有关产业集群竞争力的研究

纵览国内外的研究文献，目前还缺乏明确、统一的产业集群竞争力概念。一般说来，产业集群的形成往往是基于某种目的，或是企业组织内部具有上下游之间的关系，其往往也伴随着具有相同或是类似的业务经营范围；或是基于成本节约目的形成的劳动密集型产业园等。因此一旦这种产业集群形成之后，集群内部企业组织之间往往通过种种途径来促进成立宗旨的实现：即成本节降、效率提高、科技创新等。而在这个过程之中产业集群企业组织的竞争力会逐步提高，并形成一种集群竞争力，基于协同效应的作用，往往这种市场竞争力是非集群企业所无法实现的。马丁和森利（Martin & Sunley，2003）认为借用已有的"竞争力"概念，并以"产业集群 + 竞争力"的模式来界定产业集群竞争力是不妥当的，因为层面存在不一致现象。到目前为止，有关产业集群竞争力的解释可归纳为三种观点：

第一，要素视角。波特（1998）基于对产业集群竞争力进行理论研究的基础之上，率先提出了钻石模型。波特认为产业集群作为整体组织形式存在而发展，其内部竞争力主要取决于企业组织架构和战略发展计划、相关支持产业的发展情况、市场竞争者水平和状况、市场需求状况、劳动力和技术供给、税收、科研机构等要素状况。加拿大学者帕德莫尔和吉布森（Padmore & Gibson，1998）在"钻石模型"的基础上提出了 GEM 模型。蔡宁（2002）借于波特钻石模型理论发展的基础之上认为产业集群的竞争力状况主要有 4 个基本决定因素和 2 个辅助因素共同决定，其中 4 个基本决定因素是集群内部企业组织竞合关系、产业关联性、要素条件状况和需求条件状况；2 个辅助因素是指政府机构和市场环境状况。李勇等（2004）亦在波特关于产业集群竞争力理论的基础之上作了相应的补充，其认为产业集群市场竞争力的关键因素主要在于集群内部企业组织机构的紧密性、组织发展战略定位、技术创新水平、整体文化观、集群制度状况、社会根植性者六个方面。

第二，结构视角。纵观学术界，不乏学者从结构的视角去解释产业竞争力的界定，但是大致可以分为横向结构和纵向结构两类。持横向机构的学者认为，产业集群企业组织既存在着从采购、研发中心、生产管控、品质管控、市场方面的关联和交流，同时又有基于共赢或是双赢目的的相互依赖和利他兴起的竞合关系。产业集群是拥有社会属性、经济属性和自学属性的社会网络团体。在这个社会团体网络之中，网络基础设施的配置状况、网络的集聚度、网络的默契配合度等差异化因素将构成产业群体区别于非集聚企业组织之间的市场竞争力。特雷西等（Tracey *et al.*，2003）就其研究得出了产业集群竞争力主要有网络密度、网络凝聚力、网络的集中度等因素构成。然而，那些持有纵向结构的学者则认为，产业集群的竞争力主要来自于企业、群体（企业组织、企业团队）、国家三个层面的内外部力量的充分利用和分享。具体说来，企业层面主要是来自企业员工的技术交流等知识分享，企业内部不同部门之间的相互协作；社会集群层面涵盖产业体系的组织管理、竞合关系、相互扶助等外部性经济；而国家层面主要是产业集群内部企业组织与政府、社会团体等机构的合作分享，主要是利用国家制定的宏观经济政策、政策法律法规与企业微观行为相结合，并适当获益于政府的支援行动、扶助政策。龚双红（2007）就认为微观维度（群内企业层面）、中观维度（集群层面）和宏观维度（国家、政府层面）各方面因素相互作用的结果。

第三，能力视角。林恩和富尔维亚（Lynn & Fulvia，2000）认为产业集群竞争力主要表现为企业组织的创造、革新能力。佩卡（Pekka，2004）指出产业集群竞争力主要由生产率的提高和技术创新、正向专业化效应、外部经济性和知识溢出、企业间的团队协作、全球市场份额的占据等五个方面构成。此外，亦有学者认为产业集群竞争力就等同于由学习能力和规避能力两种能力：学习新知识和利用资源的能力、识别不利状况和规避风险的能力。

2.1.3.2　有关产业集群绩效的研究

国外学者在研究产业集群绩效方面主要有以下观点：德卡欧里斯和蒂兹（Decarolis & Deeds's，1999）认为企业绩效与企业所处区域息息相关，或是区域特征在一定程度上决定着企业的绩效。其测量企业所处区域的方法主要有两种：①企业总部所处地域；②利用8个指标来测度产业集群内部研究机构的数量。麦克艾维利和查希尔（McEvily & Zaheer，1999）则进一步分析了网络的内部性差异化决定性因素，以此辨明产业集群绩效的影响因素。帕尼恰（Paniccia，1998；1999）在分析欧洲集群研究现状的基础之上，运用比较研究方法对意大利企业案例进行研究，提出了宏观和社会绩效变量对产业集群绩效的支持。

此外，国内亦有不少学者进行产业集群创新绩效的评价指标体系的研究。张危宁等（2006）在前人创新系统评价体系研究的基础之上，设计了经济效益、社会效益和集群成长的角度三个方面指标来对高新技术产业集群企业创新绩效进行度量，并通过产业集群内企业组织来反应总体绩效。

杨文生和易明（2008）通过将平衡计分卡（BSC）引入产业绩效评价体系之中，设计出基于平衡计分卡（BSC）视角的产业集群绩效评价评估流程和相应的指标体系。他们认为引入平衡计分卡机制对于产业集群的绩效创新是大有裨益的。具体说来主要体现在三个方面：第一，有利于组织管理者通过平衡计分卡绩效管理和企业战略相结合的宏观角度审视集群的发展状况；第二，有利于组织管理者通过平衡计分卡的多方位权衡机制辨析企业短期、长期利益，局部、整体利益；第三，通过转变后的管理指标体系，其有利于产业集群的可持续发展。

2.2　社会网络相关研究

2.2.1　社会网络研究起源与发展

一般认为，社会网络理论起源于 20 世纪 30 年代的英国人类学研究，主要考虑人的经济活动与其社会关系之间的联系，英国人类学家布朗（Brown，1940）在其著作《安达马恩岛民》率先引入了"社会网络"概念，其主要应用于社会分配和社会支持领域。并抛出了"结构功能论"概念。巴恩斯（Barnes，1954）则基于社会网络理论，通过对挪威某个渔村跨亲缘和阶级关系的进行深入研究的基础之上，精确分析了整个村庄的结构，其把社会网络比喻成一种联系跨界、跨社会关系。历经波折之后，这一思想逐步成为社会上主流的社会学和管理学研究方法分析工具——社会网络分析。此外，国外学者基尔达夫（Kilduff，2003）也曾指出由于社会科学中网络方法的来源不同，现阶段社会网络的研究成果具有兼容并蓄的特征。其认为在社会科学研究领域的网络思想主要有以下三个来源：①德国心理学家勒温（K. Lewin），海德（F. Heider）和莫雷洛（J. Moreno）将社会网络概念研究成果应用于对社会互动的视角分析。②勒温（1959）认为社会空间结构的特征情况可以使用相关拓扑学和集合论研究中的数学分析方法。③海德（Heider）倡导和提出了"认知心理学"概念，其对于群体动力学理论的发展做出了里程碑的历史意义，后来学者关于认知在人际关系中的影响研究大多出于对此的再研究。

网络是由各个彼此之间相互联系的节点组成，而社会网络指的就是社会上形形色色的网络节点（社会个体、组织、政府等机构）组成的一种关系结构。社会网络分析，简称为网络分析，就是指对社会中的各个节点段的关系结构和社会属性加以分析提炼，并从中总结出来的一系列规范和方法。它通过数学、图论等定量分析方法，用网络节点来表示社会中的个人或是群体，用若干线性图线将节点与节点之间彼此相互合作的社会关系表现出来，并对这些社会关系进行定量定性分析。当然，进行社会网络分析需要有一个重要的前提，就是承认众节点之间具有普遍关系的社会关系。按照社会网络中节点类型的不同，可以将网络分为同质网络和异质网络；按照网络连接的类型不同，可以划分为有向网络和无向网络；按照节点之间相互连接的重要性进行分类，网络可以被分为有向含权网、有向无权网、无向含权网和无向无权网四类。

从国外学者的论著中可以看出，社会网络分析理论与社会学、心理学领域的早期研究息息相关。20 世纪 30 年代早期，弗里曼（Freeman）曾经从四个方面阐述了社会网络分析理论领域：①社会网络分析建立在网络中节点（实际行动者）之间相互关系结构之上；②社会网络分析离不开系统的经验数据；③数图方式进行描述定性分析工具使得社会网络分析更加注重关系图形的设计；④社会网络分析离不开互联网、计算机建模和数学模型。莫雷洛和詹宁斯（Moreno & Jennings，1938）创立了科学的社会计量方法，并在保罗·F·拉扎斯菲尔德（Paul F. Lazarsfeld）协助之下构建了社会网络分析模型，这使得社会网络分析有原来的概念注意走向现实主义，这在当时也是一个历史性的转折点。

20 世纪 70 年代，以怀特（H. C. White）为首，新哈佛学派进一步对社会网络分析的方式和属性进行分析研究，终于有所突破，他们在社会网络分析模型、实证研究领域等领域作出了巨大的贡献，并在推动社会网络分析得到广大社会科学家的认同和赞可，在一定程度上促进了社会网络分析的结构化。

从 20 世纪 30 年代发展至 70 年代，社会网络的视角被越来越多的国家和学科采纳（五个国家，七个学科），并致力于构建社会网络分析知识共同体。然后，社会网络研究进入了高速发展的阶段，学者之间的交流合作越来越多。因此，其也正式踏入了主流社会研究圈，并形成了一种全新的社会科学研究规范。

2.2.2　社会网络内涵与分类

奥尔德里奇和齐默（Aldrich & Zimmer，1986）指出社会网络是一种机会结构构成体，其存在的主要目的在于使得社会网络主体之间便于交流、获取信息资源、社会支持并加以识别和利用。亦有学者研究得出社会网络是基于社会成员个体之间的相互联系的"社交"所构成的稳定系统韦尔曼（Wellman，1988）。刘军（2004）认为社会网络是社会网络中各节点"行动者"及其关系的集合。基尔达夫和蔡文彬（Kilduff & Tsai，2007）同刘军的观点颇为相似，其将社会网络定位为行动者之间相互进行沟通、增进友谊的关系集合。彭澎（2007）在总结前人的研究之上，进一步剖析了社会网络是通过其组织行为者的社会实体之间相互联系的关系交织而形成的聚合体，是一种能够充分发挥其资源价值的资源。

一般来说，社会网络具有如下特征：

网络规模（range）可以用处于社会网络中的成员和其他成员之间关系的数量多少状态来进行表述。一般说来，某个特定成员与其他成员之间发生的联系关系越密切、越频繁，所能凝聚的其他成员关系数量越多，其在社会网络结构中的地位就越重要，所能利用的资源就相对越多，所能获得的绩效就更高。网络规模影响着跨边界的知识转移（Burt，1992）。

格兰诺维特（Granovetter，1985）将嵌入关系分为关系嵌入和结构嵌入。前者主要是指关系的强度和方向，后者主要是基于企业位于社会网络中的地位所能够掌控的资源和对其的控制力度进行论述。产业集群研究应该更多的基于结构化视角对企业在网络中所处的位置进行深入研究等。跟本研究相关的网络特征主要有网络规模、网络密度和网络中心性。其中网络规模、密度是关系维度、网络中心性是结构维度。

对于整体社会网络来说，网络密度越大，表明网络成员之间的关系越密切。网络密度反映了网络中联结的疏密情况。网络密度的高低对于知识共享的效果有显著的影响。网络密度越高，网络中的节点之间的联结亦越多，则组织成员之间的沟通将更加充分有效（Baum & Oliver，1991）。

中心性描述了整个网络围绕一个中心的程度，体现在程度中心性、接近中心性和中间中心性方面。程度中心性指某参与者与网络中其他参与者直接联结的数量。接近中心性指某参与者独立访问其他成员的能力，参与者访问社会网络中其他参与成员的时间越短（即效率越高）、所用路径越短，则其接近网络中心的程度就越高，就越不容易被集群其他成员所控制。中间中心性是指参与者时刻扮演者其他参与者之间沟通和传播的桥梁作用，其处于其他参与者沟通的路径之上，能够占据有信息优势地位，因此，处于中间位置的个体能够通过控制或是信息曲解的传递影响群体的功能发挥（Freeman，1979）。

2.2.3 社会网络研究方法

吴结兵（2006）认为社会网络分析方法可以大致分为两类：①社会网络是由社会中的个体形成的网络连接，其主要代表观点主要是分析社会网络节点在网络中的连接位置和联结强弱关系：如网络密度、网络信任度、网络中心性、网络结构洞等理论研究。该领域的著名代表性人物是格兰诺维特、怀特和边燕杰等。②认为社会网络分析应当以整体网络为焦点进行分析，并且分析的主要内容应包括网络的密度、群体中心性、小团体、对等性等。基尔达夫和蔡文彬（2007）认为所谓整体网络指的就是网络中节点之间相互联系的关系集合。其侧重分析所有节点在网络结构中的关系。因此，整体网络的分析研究首要在于搞清楚社会网络的边界点，开始着手相关数据的整理收集工作，并且在此过程之中需要得到所有数据提供者的配合和协助，如填写问卷调查等，其获取数据的难度和深度远远高于自我中心网络分析研究。有学者认为整体网络虽然在社会网络结构分析方面具有较强的综合力量，但是其对于社会联结分析方面仍然存在一定的局限性（罗家德，2005）。

从社会网络理论发展中可以看出，由于社会网络分析较强的解释能力，社会网络理论的研究范围和研究主体不断扩展，总结来看，根据研究视角的不同，社会网络分析主要分为两类：自我中心社会网络研究和整体社会网络研究。自我中心社会网主要分析社会连带，通过探讨特定行为者之间的社会网络结构和关系，明细和了解行为者之间个人的社会网络特征。而整体社会网络研究主要研究在某特定范围内，整个社会网络结构中所有成员的关系状态，例如团队、组织、公司产业与社群成员之间的社会网络关系。

2.2.4 社会网络重要理论

社会网络的是由多个社会行动者及它们间的关系组成的集合。上文中已经提及社会网络经历了 40 年的风雨发展历程，由早期的林顿·C·弗里曼的理论研究，再到后来社会计量学和社会计量模型的搭建，至今社会网络结构的概念已由原来单一的学科体系遍及至心理学、社会计量学、社会学、人类学、数学、统计学、概率论等七个学科，形成了一系列规范的理论、技术研究。在 20 世纪 90 年代，社会网络理论方法才被广泛地引入企业研究领域。纵观国内外学者的观点，主要形成了强关系优势理论和弱关系力量理论、结构洞理论、社会资本理论三大核心理论。

2.2.4.1 强关系优势理论和弱关系力量理论

社会网络依赖节点之间的广泛联系而形成网状结构。因此，节点是社会网络分析的基本计量单位。格兰诺维特（1973）率先在其论文《弱关系的力量》中提及了联结的概念，并从互动频率、情感能量、亲疏程度、互惠交换四个角度讲联结分为强关系联结和弱关系联结两个概念。所谓强关系，就是维系企业组织内部部门、员工之间关系的纽带，强关系可以克服企业经营过程中的不确定性带来的风险。而与此相对应的弱关系则是指维护企业组织（群体）之间关系的桥梁。

汉森（Hansen，1999）认为组织内部的强关系往往内涵了信任、合作等稳定性属性，并且便于成员之间进行复杂度较高的隐性知识传递。罗家德（2002）则同样指出企业内部的强关系促进了信任等因素在组织之间的经常性交流分享，往往能够帮助企业在一定程度上克服市场竞争中带来的危机，规避风险。林润辉（2013）则在前人研究的基础之上，总结出强弱关系的优劣势。其认为即使强关系能方便组织之间互通有无，实现企业资源的互动。但是强关系往往会形成信息在传递道路上的重复性从而引起资源的浪费。而弱关系则可以有效的避免这个问题，传递异质性和非冗余性的信息。

产业集群企业组织应该在保持强关系的同时，保持与组织之间的弱关系，促进信息的传递与共享，实现技术交流和创新。

2.2.4.2　结构洞理论

波拉尼（Polanyi，1957）、格兰诺维特（1985）等认为组织的经济行为往往具有相互联系的关系，其嵌入于整个社会网络之中，网络中的行动者都将受到社会结构中他人的价值观等文化的感染，同时也影响着他人。

1992 年，美籍学者 Burt 就率先提出了结构洞的理论。伯特（Burt，1992）认为在社会网络中的组织或是个体之间存在的关系间断现象（即社会网络中间节点存在无直接联系现象），因而从网络整体结构来看，网络结构中出现了洞穴，这就是结构洞。例如：存在 A、B、C 三种人，A 与 B、C 具有联系，B、C 没有联系，那么 B 与 C 之间就存在一个结构洞。在现实社会中，社会网络结构均可用如下两种行为方式进行表述：第一，是指网络中的任何组织或是个人之间都存在相互联系的现象，彼此之间从不间断，所以从这个视角来看，社会网络的节点联结是完全的，属于"无洞"结构。第二，是指社会网络中的组织或是个人部分的与其他外部组织个人之间发生联结关系，但是仍然存在彼此之间不直接发生联系或是联系中断的现象，这种组织结构就存在"空洞"现象，简言之"结构洞"。伯特认为，结构洞能够形成信息的不对称现象，如在上文 A、B、C 三者之间的相互联系之中，由于存在结构洞的现象，是的 A 居于 B 和 C 之间，具有明显的竞争优势，其能够获取更多信息，从而进行利益输出。

2.2.4.3　社会资本理论

布尔迪厄（Bourdieu，1986）率先提出的"社会资本"的概念。科尔曼（Coleman）随后亦指出组织或是个人所拥有社会结构资源财产在资本上的衡量体现其社会资本的数量和实力。这些社会结构资源存在社会结构中的各种要素中，如社会团体或是社会网络，组织和个人接触的社会团体数量越多，其拥有的社会资源也相对较多，因而其资本实力也越雄厚，并进一步促进其社会资源的获取能力。

社会资本理论认为社会网络关系通过向组织成员提供集体所共享的社会

资本财富，如成员相互信任的可信度，在某种程度上提供了一种解决社会问题的资源。科尔曼（1988，1990）认为财务资本、人力资本和社会资本构成企业组织最主要的资本结构，其中社会资本往往反映了一个组织与其他组织之间的沟通交流关系，伴随着组织的社会属性。奥斯特罗姆和安（Ostrom & Ahn，2003）则认为企业的社会资本主要有社会网络、可信任度、各种形式的规范构成。边燕杰指出社会资本理论的存在证明了资源具有社会属性，不仅仅为个人服务，还为社会网络中的所有成员服务。因此，大家可以通过社会关系网络进行提取并形成自己的资源体系。

纳比特和戈沙尔（Nahapiet & Ghoshal，1998）亦在研究社会资本与智力资本之间辩证关系过程中，将社会资本划分为结构、关系、认知三个方面。林南（2001）在其研究中探索强弱关系的重要性，将弱关系表述为其是可以提取社会资本的途径之一。

此外，国内学者也利用社会资本理论分析了产业集群内部技术创新的问题。例如，王雷（2008）研究了集群中社会资本的形成机制、演变特征及其对集群创新绩效的影响；于树江（2004）通过分析社会资本的构成要素之间的关系，探索社会资本对企业创新的影响作用。不可否认，社会资本的社会属性使得产业集群内部企业组织之间的知识共享能力与意愿，对企业技术创新能力具有重要的影响作用。

2.3　知识共享相关研究

2.3.1　知识共享界定、分类和测量

知识是企业组织和个人在实践过程中逐渐积累形成的，对某种科学方法、生产工艺和创新技巧等进行熟悉和了解，并达到对这个主题所确信的知识，从而利用知识实现特定目的的潜在能力。野中郁次郎和竹内广隆（Nonaka & Takeuchi，1995）提出"知识是个体的将信念证明为真实的动态过程"。达文波特和普赛克（Davenport & Prusak，1998）界定"知识为经

验、价值观、情境性信息和专业洞察力的流动性的混合体",它为评价和合并新经验和信息提供框架。莱昂纳多和森西普(Leonard & Sensiper,1998)认为"知识为相关的、可采取行动的、至少部分的以经验为基础的信息"。

与传统的物质资源相比,一般来说,知识具有:①智力性,人类长期社会生产实践及脑力劳动总结的成果;②能够不断创新和发展;③具有边际成本递减的特性,多次复制和共享,总成本几乎不变化;④公共产品特性;⑤实体和过程的统一性;⑥生物属性,具有原生性、群合性、遗传性和变异性;⑦共享性等共同特征。

文献回顾发现,关于知识共享的研究,主要有两大类:一是依据知识类型的不同,分为显性知识共享和隐性知识共享,二是依据知识主体不同,分为个人层次的知识共享、团体层次的知识共享和组织层次的知识共享,而组织层次的知识共享又可以分为组织内部和组织之间的知识共享。组织内部知识共享发生在组织各要素之间,具体包括组织的规章制度、工作流程、个人经验、业务信息等知识的共享。对组织之间知识共享的研究主要集中在母子公司间以及联盟组织间(发包方与承接方之间,包括业务外包、物流供应链组织之间和产业集群内企业之间),本书主要探讨集群组织间的知识共享。如表2-2所示。

表2-2   知识共享定义

学者	主要观点
Nonaka & Takeuchi (1995)	通过社会化、外部化、组合化、内部化等互动过程,促进组织成员之间的知识共享
Hendrik & Botkin (1995)	一种知识拥有者和知识需求者之间的联系和沟通的过程
Senge (1998)	协助对方发展有效行为的能力,且知识共享必须与对方互动,并成功地将知识转移到对方,形成对方的行动力
DavenPort & Prusak (1998)	知识共享等于转移加吸收,知识从需要的一方以适当的形式转移到另一方,另一方需要有足够的能力吸收转移过来的知识
Dixon (2000)	将自己的知识公布出去,与别人分享,共同拥有该知识
Bartol (2002)	组织中的个人与其他人分享与组织相关的信息、想法、建议、经验的过程

学者	主要观点
魏江和王艳（2004）	个人知识通过共享组织其他成员获取并进而被组织共享过程
李长玲（2006）	个体和组织知识通过各种手段为组织成员共享，通过知识创新，实现知识增值
孙红萍和刘向阳（2007）	知识所有者与群体成员分享自己的知识，是知识从个体拥有向群体拥有的转变

2.3.2　知识共享影响因素

国内外学者对于知识共享的大量研究主要是基于个人、群体和组织三个层次以及跨层次的方向展开。

2.3.2.1　个人层次知识共享影响因素

个人层次的知识共享影响因素的研究主要是以企业组织内部或是团队内部个体成员之间知识传播、交流共享为主。在总结前人对于知识共享文献研究基础之上，指出知识共享的因变量主要取决于人员、情境、内容和媒介等要素。乔西等（Joshi *et al.*，2004）通过研究企业组织研发团队成员之间知识传播共享的影响因素，指出其知识转移主要依赖于知识传播源因素、知识因素、知识接受方因素、情境因素和关系因素等五个方面。随后，学者林丽慧和耿先军（Lin & Geng，2005）亦通过经济学分析方法总结出影响个体成员之间知识共享的 5 大影响因素：知识的特性、知识传播源、知识的具体语境和情境、知识接受方的接受程度和知识共享双方的关系特征。

2.3.2.2　群体层次知识共享影响因素

群体层次的知识共享影响因素的研究主要代表学者有达文波特和普赛克（1998）、苏兰斯基（Szulanski，1996；2000）、卡明斯（Curmmings，2002）、卡明斯和滕斌圣（Cummings & Teng，2003），他们的研究主要涉及企业内部不同群体之间的知识转移。

苏兰斯基（1996）研究了企业内部知识共享的最佳实践（Best Practice），他从四个方面提出了影响组织知识共享最佳实践的因素：一是知识转出方的转出的动力和感知的可靠性；二是知识本身的隐性、复杂性、刚性和完整性等特质；三是知识接收方的接受动力、吸收能力和保持能力；四是知识转移的机会。唐炎华和石金涛（2006）在综述国外知识共享相关理论的基础上，提出了组织的学习文化、社会网络特征、个体关系特征、组织关系特征、目标任务特征 5 个知识转移的情境因素。伊利－伦科等（Yli-Renko *et al.*, 2002）的研究认为，企业内部的不同部门之间、企业与外部组织间的互动能提高企业的知识共享水平。卡明斯和滕斌圣（2003）的研究整合了影响知识共享的四种情境和九个因素，构建了知识共享的情境和因素模型。四种情境分别是知识情境、关系情境、接受者情境和活动情境；九个具体因素分别是被转移知识的明晰化程度和嵌入程度，知识接收方的学习文化和项目优先性、知识共享双方的组织距离、物理距离、知识距离和规范距离，以及知识共享双方的活动情境。

2.3.2.3 组织间层次知识共享影响因素

组织间知识共享研究主要包括对跨国母子公司间的知识转移问题的研究（Zander & Kogut，1995；Gupta & Govindarajan，2000；王清晓和杨忠，2006），战略联盟中的知识转移影响因素研究（Simonin，1999；Hamel，1991），供应链和知识链上的知识共享研究（常荔、邹珊刚，2001）等。西蒙宁（Simonin，1999）总结了温特（Winter，1987）、赞德和科格特（Zander & Kogut，1995）等学者的研究成果，认为知识特性（默会性、特殊性、复杂性）、转移双方特性（先前经验、合作伙伴对知识的保护程度）、情景因素（文化距离、组织距离）作为知识的因果模糊性的前因变量，对联盟企业间知识转移产生影响。古普塔和戈文达拉扬（Gupta & Govindarajan，2000）对75 家跨国公司的 374 家子公司与其母公司和其他子公司之间知识转移进行实证研究，认为知识的流出效果与知识发送渠道的丰富性正相关，而知识的流入效果则与知识接受方知识接受渠道的丰富性正相关。

2.3.3 知识共享意愿和能力

知识共享机制是指实现知识共享的内在方式和途径，这既是一个过程，也包含知识共享的手段和方法。组织内知识共享机制主要包括知识共享的主体和客体、过程、手段和障碍四个方面。苏兰斯基将经典的沟通理论模型引入知识管理文献。知识共享是在一定的背景下，知识从发送方到接受方并进行反馈的过程，这也是一个沟通的过程。辛格（Singh，1998）将知识共享看成是组织联盟之间彼此交流沟通的平台之一，联盟成员在将知识进行传播共享的过程中，同时也可以汲取学习其他成员之间的知识共享。这样，联盟成员之间通过实施共享，彼此均提升了自身的科学技术水平，从而在市场竞争中取得更加有力的竞争地位。

2.3.3.1 有关知识共享意愿的研究

知识共享意愿（intention to knowledge sharing）是指个体愿意与他人共享知识的主观可能性的程度（Ford，2004）。知识共享的意愿并非一种行为，而是一种主观的倾向性或意图。而学者们之所以热衷于对知识共享意愿的研究，是因为知识共享的意愿是可以有效预测知识共享行为的一个非常重要的构念。

劳和帕特里奇（2002）指出，知识共享意愿应该是知识共享行为的一个前因变量。影响知识共享意愿的因素很多，知识的属性影响知识共享的意愿。部分学者定性的描述了知识价值会对个体知识共享意愿发挥影响作用，但是不同的学者通过实证研究却发现了不同的结果。

目前已经有很多成熟的知识共享量表，但关于个体层面的比较多，康奈利和凯洛威（Connelly & Kelloway，2003）从文化道德视角出发，研究个体是否应该共享知识的信念。博克和金永屈（Bock & Kim，2002）为了验证物质激励是否会促进个体知识共享的意愿及行为，也设计了他们的知识共享意愿量；随后，博克等（2005）在 2002 年研究的基础上对该量表进行了完善，分别从隐性知识的共享意愿和显性知识的共享意愿两个方面来测试知识共享的行为。福特（Ford，2004）基于不同的共享对象（亲密同事、关系较为疏远的同事以及一般大众）分别设计了三套测量知识共享意愿的量表。李在男（Lee，2001）将知识划分为显性知识和隐性知识，各用两个题项测量企业的知识共享意愿。

2.3.3.2 有关知识共享能力的研究

野中郁次郎和竹内广隆（1995）将包括内化能力、外化能力、社会化

能力和组合化能力在内的有利于组织内知识共享发生的能力综合定义为
"知识转化能力"。在此基础上，后续研究进一步对知识共享主体的能力进
行了区分：知识源对知识的表达能力（Argote, *et al.*, 1990）和知识接收方
的吸收能力（Szulanski, 1996），前者要求发送方能够完整、准确的表达所
传递的知识以让接受方易于理解和接受，后者则不仅包括接受还必须重构知
识（reconstructions）（Hendriks, 1996）。

知识共享能力对知识共享的影响作用在个体和组织层面上都得到了较为
充分的证明（Cohen & Levinthal, 1990；Davenport & Prusak, 1998；Tsai,
2002；Huber, 2001），其中海因兹和普费弗（Hinds & Pfeffer, 2003）的研
究发现知识共享能力的不足不仅会给知识共享行为造成困难，而且会降低共
享者的共享意愿。

蒙蒂罗（Monteiro *et al.*, 2008）从自身和其他主体对自己能力的评估
来解释知识共享，并指出当接受方有寻求外部知识以帮助解决问题的需求，
并对自己能力有较好评估时，会主动去搜集知识。樊治平等（2008）基于构
建组织共享能力的测量评价指标体系、方法基础之上，建立识别组织共享能
力强弱判定标准的矩阵模型，并通过该模型进一步挖掘其强弱的影响因素和
成因，并提出了相应的改善措施。认为可以建立基于组织知识共享的技术能
力与非技术能力这两个维度的指标体系。斯里瓦斯塔瓦等（Srivastava *et al.*,
2011）则提出了知识共享中的能力悖论，他们认为能力越强越有利于知识
获取和吸收，但是同时也容易陷入能力陷阱（Competency Traps），有可能会
形成认知刚性，由于过分自信而不太信任外部知识，反而导致不太容易接收
到有效知识。

2.4　基于社会网络理论的产业集群研究

2.4.1　基于社会网络的产业集群竞争优势研究

社会网络是由许多节点构成的一种社会结构，节点可以是个人或是组

织，社会网络代表各种社会关系，这些社会关系联结了或疏远或紧密的人们与组织。社会网络的广泛应用和重视往往与企业的竞争优势密切相关。国内外学者关于此方面的研究主要有如下主要观点：

古默－凯撒（Gomes-Casseres，2003）认为基于社会网络的企业至少可以具有如下优势，其一是团体优势；其二是企业独特的竞争优势。因为在社会网络中的企业实体能够利用自身和他人的优势形成强有力的群体优势。

弗里曼（Freeman，1991）认为产业集群的社会网络内部经常存在知识外溢的现象，这间接促进了集群创新精神的发展，是集群创新的源泉。萨克森宁（Saxenian，1994）在此基础之上，进一步阐述了产业集群社会网络具有正式合作网络和非正式合作网络的区别。斯科特（Scott，1988）、萨克森宁（1994）则从本地制度环境、知识溢出和创新学习这三个维度视角关注集群企业之间在社会网络结构中的互动行为对产业集群竞争力的影响。施米茨（Schmitz，1995）则以发展中国家的经验数据进行研究，产业集群的优势发挥还离不开区域内部劳动力分工和贸易网络的存在。波特（1998）认为产业集聚现象的存在不仅能够促进群体内部产业技术的升级发展，涌现出一批科技创新成果，除此之外，与邻近的高等学府、科研机构的毗邻更加能够带动科技成果的发展进程，并且企业组织之间员工跳槽、彼此的沟通交流活动行为也能够促进知识资本的扩散。基布尔和劳森（Keeble & Lawson，1999）通过实证研究的方法，分析了产业集群社会网络组织的学习模式：显性技术和企业家的流动、研究人员、技术人员的流动以及社会网络的相互交流活动。

也有一些学者认为，获得竞争优势是企业加入产业集群的一个目标。从企业层面看，企业加入产业集群的一个重要目标是获取竞争优势。企业可以通过集群关系网络获取不同的知识资源，提高组织学习能力，进而提升技术创新能力，保持持续的竞争力。从集群层面看，由于集群是知识共享和创新的平台和载体，知识共享集群的创新具有显著的正向影响，被认为是集群创新优势形成的基础（孙兆刚，2015）。但是集群知识网络规模过大，以及合作关系过于持久可能导致过度嵌入，形成知识锁定，进而对竞争优势产生负效应（王贤梅，2010；Crespo *et al.*，2014）。

鉴于企业组织在社会网络结构中关系和所处地位的不同将决定企业发展

的不同状态，企业如何在合作中更多地占有和获取这种关系资源是决定企业成功与否的关键因素。如企业战略网络理论（Gulati，1999）、组织间学习理论（Kogut，2001）等。匡特（Quandt，2000）认为社会网络所带来的创新合作是提升区域经济发展、科研创新能力，甚至是缩小社会不均的主要工具。

2.4.2　基于社会网络的产业集群创新研究

前文中提到，所谓产业集群，指的是众多企业及其相关支持机构，如上游供应商、中间生产商、下游终端用户、政府机构、社会团体、科研机构等社会实体围绕其主导核心产业，依靠彼此之间稳定的分工协作和社会网络结构形成的具有竞合关系的地域集合体。

王凯（2009）在对基于社会网络的结构视角对产业集群创新行为研究中，认为国内外对于这方面的研究主要可以归结为三点：其一，把产业集群看作是一种新型的网络组织形式，划分为市场、企业、社会网络三种网络组织形式。集群的创新优势来自于集群的网络特性；其二，社会网络作为一种研究视角，基于社会网络分析方法可以对产业集群内部企业行为从结构视角进行剖析，如网络密度、网络信任度等对产业集群创新行为影响；其三，则是结合产业集群企业组织之间的不同关系角度对不同类型的创新行为进行探究，并得出产业集群类型的不同将产生形式各异的社会网络结构，这些不同的网络结构所带来的结构特性的不同，将决定着产业集群企业的市场效率和创新能力。

基于第一类文献，鲍威尔（Powell，1990）认为网络式组织是存在于市场和科层次组织之外的另一种经济活动形式，其作用不仅可以降低组织的价值获取成本，还可以在市场形势骤变的进程中灵活地退出市场。此外，他还指出，由于网络的存在使得企业或是个体在知识共享学习、技术创新等方面的交流越发方便，并称赞"也许没有比网络更好的获得途径"。鲍威尔从经济学的逻辑出发，论证了网络作为第三种制度框架的合理性。陈要立（2009）认为产业集群是指集群内部主体（主要有企业、科研所、高等学府、政府机构和明见组织）在相互交流、业务往来与信息传递过程建立的各种关系的总和。王贤梅和胡汉辉（2009）认为产业集群是企业组织之间通过纵、横向联系不断的影响企业组织的创新行为而形成的社会网络结构。而产业集群网络就是指各个企业或是个体在相互交流和携手共进的进程之中，构建的各种稳定性较高、技术创新力度较强的正式与非正式关系。杨沙等（2009）用集群创新网络的概念阐述了集群的发展，构建了模型，同时对高科技集群进行实证分析，探讨其网络特征，并以硅谷的例子验证了模型。

基于第二类文献，杨锐等（2005）运用社会网络分析方法（ucinet）首先测度了杭州手机产业集群中的度数、中介性和有效规模并探讨了各特征和企业创新之间的关系。章健新等（2007）指出在社会网络理论发展的背景下，技术溢出效应、知识获取及增长效应、创新关联效应对产业集群创新的影响；李志刚等（2007）运用 SPSS 方法指出密度、强度、居间性、互惠性、稳定性等网络结构特征对创新绩效有正向影响；王文平（2008）通过分析结构洞、密度等特征，以制造业集群为例，提出了适应其发展的网络嵌入模式；王贤梅等（2009）运用社会网络分析理论，对密度、强度、互惠性、中心性网络特征进行了定性描述，同时选取常州中小纺织集群为研究对象，用多元线性回归对网络特征和创新进行了相关分析；窦红宾（2012）对西安光电子产业集群进行了实证调研，同时运用回归模型的方法探讨了网络结构与成长绩效之间的关系。徐龙顺（2009）用社会分析软件 Ucinet6.0，和 CONCOR 分析方法用结构对等性分析了德阳装备制造业集群中企业与企业的连接关系、企业与高校及科研院所的连接关系、企业与中介的连接关系以及企业、中介、高校科研院所的综合连接关系，着重说明了影像矩阵和块模型对集群创新的影响。陆立军等（2010）测量了绍兴纺织产业集群的产学研合作效应、中介服务效应、企业间的学习合作效应和政府支持效应，指出集群企业创新发展和创新网络密不可分；范群林（2010）同样运用社会网络分析方法（ucinet）从传统网络特征、无标度性、小世界性、派系结构来测度成都市新都家具制造业集群的网络结构，进而给出优化创新网络的策略；毛加强和崔敏（2010）通过对陕西省产业集群的实证研究发现集群网络密度、网络强度、技术创新以及企业与网络成员相互之间存在着某种线性关系。吴汉贤和邝国良（2010）着手探讨了网络密度对产业集群竞争力的影响，并且发现过高或是过低的网络密度均不利于组织的发展，企业网络结构密度还是要保持均衡。许登峰（2010）从度数、小团体、密度中心性等四个方面对柳州产业集群创新网络进行了结构分析，并说明了该集群的现实结构情况。王靖和邝国良（2010）则通过选取企业网络结构的指标，认为网络密度分布与产业集群动态能力、路径长度与动态能力彼此之间存在相应的线性关系。

基于第三类文献，蔡铂和聂鸣（2003）指出产业集群中结构洞、强关系、弱关系特征，并认为网络特征在某种程度上有利于隐性知识、资源、信息的传播，促进集群企业创新获得竞争优势；陈伟丽和王雪原（2009）分析了关系变量和网络结构特征在产业集群创新资源配置效率上所起的作用，并结合 SPSS 进行了实证分析，为政府制定政策提供支撑；周雷（2010）指出了社会资本、结构洞理论、弱连接、嵌入性网络特征及其在产业集群创新中的作用。吴福象等（2013）通过以温州乐清低压电器产业集群为案例的实证研究，指出居于网络中心位置和占据结构洞优势的企业在知识转移、组织创新和竞争优势等方面均具有优势。

产业集群作为企业组织之间强强联合，发挥协同效应的空间平台，它所带来的创新优势和规模效应是单个企业组织或是个人无法媲美的。产业集群内的企业社会网络具有以下一般特征：

（1）互利互惠性。企业组织之间的创新过程往往伴随着高新技术的交流与共享，创新不是一蹴而就的，更加不是一家之言。因此，在社会网络结构之中单个企业的力量毕竟势单力薄，很难整合所有有利于组织发展的社会资源，去实现经济化过程。现代企业管理理念认为现代化企业之间的市场化进程不在适用于"丛林法则"，而是更加适应了企业组织间既有合作又有竞争的双赢关系。也有学者认为，产业集群内部企业之间可以相互协助，分工写作，每人负责生产价值链上的某一环节，共担风险，从而缩短社会必要劳动时间，降低准入风险。

（2）平等性。产业集群社会网络中的企业组织往往都是具有法人地位的经济实体，在市场竞争中享有"人人平等"社会地位，这不仅包含政府在审核产业时候的公正公开，还包含企业之间竞争的公平性。除此之外，在集群合作创新模式下，社会网络的社会资本对组织成员是一视同仁的，企业成员皆可以共享知识，汲取知识，这也是平等性的体现。

（3）竞争协同性。既合作又竞争的竞合关系是现代企业管理的基本理念之一。产业集群的区域集中性，使得类似产业的企业间形成强强联合，组织通过不断技术交流实现节降成本和创新，形成了集群的竞争协同性。产业集群的这种竞合优势有利于形成独特的良性经济循环系统，并具有自我组织、自我适应发展、自我增强的特征。

（4）根植性。产业集群企业组织发展离不开社会网络结构，其往往嵌入在相应的社会文化、社会价值观之上。此外，产业集群技术创新具有很强的产业相关性、地域集聚性、文化嵌入性。产业根植性就是指具有产业链条或是形似产业的企业在某一空间范围内部的集聚现象，成员之间彼此分工合作，并形成产业循环生态系统。

（5）开放性。产业集群的开放性使得内部成员时刻加强与外部经济发展的交流性，保留"与时俱进"的市场竞争意识，维持组织的生存和可持续发展，其并不是闭门造车，这种开放性必然带来新科技、新思想的冲击，促进群体创新。

2.5　基于社会网络理论的知识共享研究

2.5.1　有关联结强度与知识共享的研究

社会网络理论认为社会网络是将具有相互联结关系的社会节点联系起来组成有利于群体的社会架构，联结的强弱程度将决定社会成员的互动行为。存在于社会网络中的企业成员或是个体彼此之间的联结强度、知识的重叠度、成员合作力度等将在很大程度上影响成员对于知识共享的意愿和态度。纵观国内外学者的论述，有从社会网络关系的关系特征和结构特征角度考察不同的网络关系、网络结构对于知识共享的影响，其中网络关系主要考虑强弱性、对称性等方面，网络结构主要有研究网络密度、网络信任度、网络稳定性等等。但是目前主流研究主要集中在网络关系的强弱性，网络密度、网络中心性、强弱与联结密度的相互作用关系着四个方面，并探讨其对于知识共享的作用。

格兰诺维特（1973）通过网络力度不同将联结强度分为强、弱两种，从互动频率、情感强度、亲密程度和互惠交换 4 个方面分析其各自对于网络连接强弱程度作用效果，并得出结论互动频率较高、感情投入多、亲密程度高和互惠交换多则判定为强联结，反之就是弱联结。汉森（1999）认为联结强度的不同对于知识的获取有着不同的作用。其中，强联结主要表现为社会网络各节点之间相互合作的稳定性和彼此之间的信任度，其特征是便于高质量和高复杂性的隐性知识的传输，传输效率较高，但过度的强联结会阻碍新知识点的流入，从而导致自身的局限性。而弱联结主要是侧重于便于获取无冗余的知识信息。科尔曼（1990）认为企业作为社会网络之中的行动节点，必须依赖于社会网络获取相应的社会资本（即网络是企业获取信息的载体）。因此社会网络关系中不同的强度关系、不同的对称性和不同的组织规模将对企业成员行为过程形成较强的折射效应。里根斯和麦克艾维利（Reagans & McEvily，2003）在基于前人对联结强度和知识共享关系的研究之上，通过选取美国某材料科学咨询公司进行案例分析，发现了网络聚合度和网络跨度对于知识共享的影响，并表明网络聚合度是影响网络组织成员进行信息共享意愿和能力的重要因素，网络跨度是影响组织成员之间进行信息共享的时间、精力成本和获取知识的难易程度等的关键因素，据此测量社会网络结构特征对于知识共享的作用关系。杨瑞龙等（2004）认为从组织成员流动性的角度考察强弱联结的关系。其中，强关系表示社会网络关系中企业间合作紧密，稳定性较高，进入和退出市场壁垒较高，因而成员流动性较低。而弱关系社会网络中企业关系稳定性较差，进入和退出壁垒较低，故而成员流动性较高。列文（Levin，2006）则基于团队社会网络的分类，将联结视角分为内、外两种。其中前者反映团队内部成员之间的联结关系，后者反映团队之间的动态联结关系。寿涌毅等（2012）认为企业网络强度的强弱不同可以拓宽成员之间认知度和理解度，其终将有利于企业知识的扩散和转移。朱晓琴（2012）基于构建企业内外部网络关系优化的视角，说明优劣，认为其有利于实现跨组织之间的知识信息整合。

2.5.2　有关网络结构与知识共享的研究

知识共享行为的产生与发展，从其演变历程看，组织之间的知识转移是在既定的群体结构之间流动，因而其具有相关的"网络"特性；究其本质，组织之间的知识转移仍然受到传播主题的"社会属性"的影响，因而能使用社会网络理论对知识在社会网络中的传递和行为方式进行深入的研究。

有国内外学者借助数学工具等技术分析方法，基于社会网络结构对企业知识转移和共享活动的形成因素和机制进行了探究。英格拉姆和罗伯茨（Ingram & Roberts，2000）通过以悉尼酒店为例证进行实证研究，举例说明酒店经营者通过第三方网络平台相互共享客户信息、交流分享管理知识，并明显提高了酒店的经营成果。蔡文彬（2001）亦通过实证研究发现始终处于社会网络中心地位的企业组织能否更加便利的获取知识共享信息，占据市场竞争优势。进而得出企业在社会网络中的位置方位将在一定程度上决定技术创新能力和盈利能力。里根斯和扎克玛（Reagans & Zuckerma，2001）认为企业外部的网络联系有效的弥补了企业团队之间的结构洞，因而能够显著的促进公司研发中心的技术创新。考恩（Cowan，2004）则通过知识扩散和增长模型研究了社会网络结构、知识增长、知识扩散之间的关系。胡峰和张黎（2006）在总结前人的研究基础上，运用社会网络模型验证知识扩散过程，其结果再次验证了弱联结优势理论。邓丹（2006）基于小世界理论，从社会网络密度、社会网络节点度等角度探索知识共享与扩散在研发团队中的过程。胡婉丽（2008）通过知识在组织中的传播路径进行模拟，试验发现知识在传播速度上具有钟状形态，即传播速度依次经历了低速—加速度—最高速—低速的循环过程。林敏（2009）等则通过研究社会网络结构对于知识转移、知识流动的作用性，在此基础上提出了知识转移网络模型。

2.5.3　有关社会资本与知识共享的研究

产业集群内部企业成本通过社会网络结构，相互传递信息与资源，形成社会资本财富，成员通过网络节点进行知识共享与交流活动。在这之中，社会资本对于企业知识共享有具有如下主要作用：第一，相对于显性知识，隐性知识（个人知识）定位起来较麻烦，而社会资本的存在则将隐性知识汇聚在"大众池"，促进其定位与分享；第二，社会资本作用于隐性知识的转移和流动途径，以及企业对于隐性知识等这类社会财富的分享力度。

纳比特和戈沙尔（1998）认为结构维度、关系维度和认识维度三个方面着手分析了企业内部不同业务机构间社会资本对于知识共享的影响机制。蔡文彬和戈沙尔（1998）也作了相关阐述。具体说来，结构维度指的是社会网络中各企业实体或是个体之间相互联系以便构成网络结构的整体模式，其涵盖了社会网络连接密度和连接强度，并表现社会网络实体之间彼此相互交流的频度、广度、深度；关系维度是指社会网络成员在知识共享与交流过程中培养的特殊关系，如相互的信任度、道德义务感、行为规范等；认知维度是指社会网络中不同经济实体之间价值观方面存在的共同理解表达系统，具有企业愿景、沟通语言等因素等。列文和克罗斯（Levin & Cross, 2003）研究了信任关系、联结强弱度、知识特性等社会资本要素对于企业知识共享的影响，并着重阐述了企业成员间的信任度在知识流动和转移中的重要作用。安德鲁和埃里希（Andrew & Ericy, 2005）在总结纳比特、戈沙尔等前人研究的基础之上，从结构、关系、认识等三个角度对企业内部网络、企业战略联盟、产业集聚区各自中社会资本对于知识共享的作用力，并提出了改善知识共享的方法。秦红霞和丁长青（2007）从知识提供者和知识接受者两种身份角色的角度探讨了教师对于隐性知识共享的过程理解。前者侧重于知识的传播者共享知识等社会资本，需求知识的组织和个人对知识重新理解的基础上升华运用；后者主要侧重于知识的寻觅者在知识的探寻阶段，发出寻求知识的需求，之后知识传播者通过知识转移和流动接受知识需求者的请求。金辉、杨忠和冯帆（2011）通过在把知识属性作为调节变量的基础上分析了社会资本三个维度之间相互的作用机理，对因变量知识共享和自变量所有权、内化度、满意度之间进行定量分析，企图搭建社会资本对于知识共享的研究模型。

2.6　文献述评

以上对产业集群、社会网络和知识共享理论的相关研究进行了回顾，总体来讲，我国对产业集群的研究迟于西方发达国家，现有的科研成果大多是在总结西方发达国家对于产业集群研究的介绍、评述的基础之上联系我国产业集群发展的实际而获得的。通过对产业集群、社会网络以及知识共享等相关的研究综述，我们发现：

（1）对产业集群的研究。产业集群的研究始于20世纪早期，但是我国的产业集群理论研究与国外存在着差距，对集群网络内存在的知识网络研究不多，并且研究分析大多处于事后而非事前的前瞻性分析，所采用的研究方法和理论也处于探索阶段，因此产业集群理论体系的构建是本书所关注的方面。

（2）对知识共享的研究。尽管国内学术界有涉及产业集群知识共享与创新能力的研究，但是研究的视角尚未深入，缺乏多角度的理论分析，跨学科综合研究较少。且国内外文献对知识共享研究较多地集中在个体和团队层面，对组织之间的知识共享研究较少。现有的组织间知识共享也更多地集中在产业联盟、供应链、跨国公司的角度。再者，由于我国正处于经济转型阶段，产业集群的整合没有形成完整的共享机制，因此共享能力和共享意愿，以及知识共享对于创新绩效的作用也是本书重点研究的问题。

（3）对社会网络的研究。通过对国内外学者研究的综述发现，社会网络的不同方面均对组织知识共享的产生直接和间接影响。产业集群必然融入进社会网络之中，目前国内外学者从社会网络理论视角研究产业集群主要集中于企业单独个体展开，缺少对整个产业集群对象的研究。本书通过将产业集群视为一种社会网络结构，研究这种集群网络密度和集中度对集群内部知识共享的影响。

第 3 章

研究内容及假设

3.1 研究内容

随着产业集群在全球范围内蓬勃发展，经济、地理、社会、管理等领域的学者开始对这一现象进行不同角度的研究。特别是近年来，学者对产业集群内的知识共享开始投入兴趣，如休伯（Huber，2012）、朱利亚尼（Giuliani，2007），研究知识如何在产业集群内部共享、集群内部企业知识共享的驱动力以及集群内部知识共享功能和作用等。集群发展过程是一种知识集中和演变的过程，无论单个企业的产品升级、工艺流程升级、市场地位升级还是整个集群价值链地位上升或竞争力提升，都是集群内企业知识获取和积累到一定程度，且通过不同主体间的互动在集群范围内实现知识共享而导致的。从企业获取知识的渠道看，包含企业内部知识源、集群内部知识源和集群外部知识源等三种渠道。传统产业集群在形成初期，企业主要依靠内部知识源发展；随着集群企业数量不断增加，企业间联系不断增多，集群内部的知识源开始变得重要；而当面集群发展到一定阶段，企业面临着内外部竞争压力时，部分企业会迫切地求助于集群外部知识源，与高校、科研机构的合作将提升企业创新能力。但在新兴产业领域，因其对原创新、前沿性和突破性技术及不同领域技术融合的高度需求，在集群形成初期，就表现出知识获取多渠道特征，企业往往和外部高校、科研机构保持着密切的联系，同时也有自身的知识积累；而当集群发展到一定阶段，因为产业地位不断上升，产业资源不断集中，集群内部出现除企业之外的其他产业支撑机构，高校、科研机构的研发力量也会向集群内部集中，此时企业反而倾向于向集群内部寻求知识源。

产业集群是制造业的重要载体。我国产业发展正处于向全球价值链高端攀升的阶段，以创新为驱动力的科技型产业集群将替代以成本要素为驱动力的低端产业集群，成为转型升级的主要载体。因此，如前文所言，产业集群是否能够培育创新能力直接关系到其能否形成竞争优势。对集群企业而言，相互之间长期稳定的合作关系为知识扩散与知识共享提供了机会和条件，促进企业吸收知识和创造新知识。对集群而言，知识共享显扩大了集群的知识溢出效应，增加了集群显性知识和默会知识的供给，在此基础上形成集群层面的共有知识，这对集群创新起到推动作用，从而有利于形成集群独有的竞争力。

随着社会网络理论在经济、管理等领域的跨学科应用，也有不少学者将产业集群视为一个有边界的组织网络，并研究集群内部存在的网络结构和网络关系（Keeble & Wilkinson，2000），为产业集群研究提供了新的视角。从社会网络的视角看待产业集群不难发现，不同于科层组织和市场，产业集群是以关系治理为主要特征的网络组织（Powell，1990；Inkpen & Tsang，2005）。从社会网络理论的视角来看，产业集群是一个由企业、机构和公共部门等主体共同构成的网络体系，集群内各个主体即为网络结点，主体间的关系构成结点与结点连成的线。社会网络理论被引入集群研究，使得集群研究视角由传统的资源、地理视角转向关系视角。集群内知识共享是集群主体参与集群活动、达成集群目标和获取自身利益的关键，但是基于社会网络的视角来研究产业集群内部知识共享的研究还相对较少，而以集群网络作为研究样本，大范围调查研究不同集群网络特征的实证研究更是稀少，诚如朱利亚那（Giuliana，2003）认为关于产业集群的知识共享和技术创新过程依然是一个"黑箱"，目前的研究更多地着眼于集群企业间的生产联系，而不是知识联系。因此，基于社会网络理论，来深入研究产业集群的知识转移过程及其内在机制是十分重要和必要的。而集群内企业往往具有分享信息、观念等合作的意愿，通过正式和非正式的社会网络，群内企业能够获得大量的合作机会，在这一机制下，群内的企业不应被视为孤立的个体。可以说，产业集群具备的网络特征越多，就有越多的收益内部化（Steiner，1998）。

区别于传统产业集群以地理关系、亲缘关系等形成的社会网络，科技型产业集群更多地表现出知识网络的特征。这主要是由于科技型产业本身是对多元技术的整合，且技术和产品创新周期大大缩短，集群企业需要上下游各环节企业的技术支持和服务，来自生产制造、产品交易、技术研发、金融服务等环节的知识交互作用，为产业集群的发展提供支持（Slaper & Ortuzar，2015）。这也正如"微笑曲线"所表达，知识含量较丰富的研发和销售环节在现代制造业中的附加值更高。

另外，有关知识共享的重要性虽然越来越被接受，但是知识共享的作用研究还有待进一步深入探讨，现有研究结论差异较大。可能的原因包括：一是研究视角的差异。现有对知识共享的研究分别从三个视角进行，即过程视角、结果视角和行为视角，不同的研究视角对知识共享内涵、关注点、研究内容等方面存在着差异，研究结论必然存在着差异；二是在知识共享的研究层次上，有个体、群体和组织三个层次，不同层次的知识共享过程、机制和效果也会不一样；三是已有研究更多地探讨知识共享对绩效，特别是创新绩效的影响。但是有关绩效指标的选择因各自的研究不同而不同。因此，在对知识共享的研究中，需要进一步探讨知识共享对绩效的影响。

3.2 研究假设

3.2.1 集群网络特征对集群知识共享的影响

随着社会网络理论研究的深入和拓展，这一理论逐渐由社会学研究领域向管理学研究领域延伸，这也为管理学开辟了新的研究视角。在产业集群研究领域，社会网络理论的引入使得对产业集群研究的关注点由资源要素属性（如本地劳动力市场、公共物品、信息资源等）转移到企业间的关系上来（吴结兵，徐梦周，2008）。更进一步，随着知识资源观的建立，产业集群的知识网络开始受到关注，更能揭示产业集群内部知识共享的过程和内在机制。每个集群网络都有自身特征，各个集群网络之间必然存在着差异。这种集群网络特征的差异，必然使得处于各自网络内部主体互动模式、互动复杂性和知识共享的效果也会有差异。本书首先对集群知识共享的相关内容进行界定的基础上，再进一步研究集群网络与集群知识共享之间的关系。

在第 2 章，本书对知识共享进行了详细的回顾，指出基于不同的角度和研究目的，知识共享的界定和范围也不同。有的研究将知识共享作为知识管理的一个职能加以研究，指出知识共享是一种分享知识的行为，是一种以知识为交换物的交换活动。在这个交换过程中，不同知识拥有者之间的沟通和知识互动说明了知识共享的过程（Hendriks，1999；Nonaka & Takeuchi，1995）、学习效果说明知识共享的结果（Senge，1998）。与以往研究个体之间知识共享不同，本书中的知识共享是产业集群网络中的各种组织之间知识交换、信息交流的过程，其内涵是，知识共享是指集群网络中各类主体将所拥有的异质性知识投入到知识共享平台，集群网络内的所有组织可以根据需要从这个共享平台中获取所需要的知识，实现组织的目标。在集群网络中存在着两者知识投入情况，一种是各个主体提供某一领域的相似知识，例如有关互联网金融的知识、有关如何设立电子商务公司的知识，或者有关某项技术的知识等。集群中的每家企业根据共享平台的知识，不断深化自身知识体系。另一种是每个主题投入到共享平台的知识差异很大，例如金融企业提供有关金融信息、监管部门提供有关监管信息、企业提供相关需求信息、专门研究机构提供相关市场行情和趋势等知识等等。这些知识汇聚到一起，各个组织各取所需，弥补自身信息的不足。根据这两个共享知识的差异，本书进一步将集群网络中知识共享分为两种类型，其一是知识共享的深度，对应于某一领域、某一主题知识的情况，其二是知识共享的广度，对应于提供多样化知识情况。

随着新经济的到来，知识资源的重要性已经为越来越多的企业所认同，每家公司都努力与外部接触、交往和合作来吸收外部知识，同时也在积极引导企业内部员工学习，以消化、吸收和创新知识。虽然互联网技术的发展为信息的检索提供了方便，但是知识积累的过程却是如此之难，以至于很多企业多年的努力不见成效，其中最为关键的原因是没有实现知识的共享。知识共享的困难成为企业吸收知识、创造知识、利用知识的拦路虎。组织在利用现有知识资源培育创新能力的过程中，知识共享是最难实现的一环（Ruggles，1998）。集群网络为企业间知识共享提供了一个平台，每个企业在网络互动中投入一定的知识和信息，同时获取网络中其他成员企业的知识和信息，这个过程不仅仅是知识的简单交换，更重要的是新知识的产生。而且不同集群网络知识转移、传递和共享的方式、效果也一定存在着差异，本部分重点探讨集群网络的网络密度和网络集中度等对集群知识共享（知识共享广度、知识共享深度）的影响。

3.2.1.1 集群网络密度对集群知识共享的影响

网络密度是指网络中行动者之间的关系的实际数量和其最大可能数量之间的比率。比值越高，这一网络的密度就越大。当实际的关系数量越接近于网络中所有可能关系的总量时，网络的整体密度就越大，反之则越小。乌兹（Uzzi，1997）认为网络具有两面性，网络密度既是产生集群竞争优势的必要条件，同时也是引发集群衰落的根源。萨克森宁（1999）在对硅谷的研究中发现，密集的网络关系实现了企业间知识的互补，企业之间"相互学习技术和变化中的市场销售方法"、共同解决问题，促进了集群发展。但鲁尔钢铁产业集群的衰落则是密集的网络密度导致集群在技术和市场变革中迷失方向，导致集群发展的锁定效应（Glasmeisier，1991；Grabher，1993）。

一般来说，较高的网络密度保证了相互信任、规范、权威和制裁等制度的建立和维持（Coleman，1990），根植于密切连结网络中的成员，更容易拥有一致的行为预期，形成协调一致的行为规范，加速网络资源的快速传播和相互共享（Oliver，1996）。科尔曼（Coleman，1990）认为，高密度的网络具有封闭系统的某些功能特点，高密度网络中企业间更易发展出相互信任关系、共享准则，以及共同的行为模式。网络密度越高，越有利于网络中知识转移。

在一个健全的集群生态系统中，需要有完善的产业链。纵向有供应商、生产商、渠道商和销售商等；横向有为产业链提供服务的政府监管部门、提供相关信息和咨询服务的咨询公司、提供投融资服务的金融机构、提供企业审计服务的会计事务所和提供法律援助和支持的律师事务所，以及提供物流、水电气等服务的公共机构等。这些组织和机构之间纵横交错复杂互动形成了集群网络，而每个集群因产业链特征、形成时间、演化路径等的不同，所形成的集群网络密度必然也存在着差异。在一个网络密度高的产业集群中，集群成员之间关系较为稳定，集群规范对每个成员的约束强，集群信任度高，成员间互动频率高，这些都为知识的共享和转移提供了良好的平台。同时高密度的集群网络需要成员企业投入更多的时间和精力去维持与其他成员之前的关系，这种精力的分散使得成员企业很难关注与自身生产经营无关的信息，往往只会留意和搜索自己熟悉领域的知识和信息。因此在高密度的集群网络中，成员之间有效分享的更多的是同质的知识，而降低对无关信息和知识的关注和搜索。因此，提出假设：

假设 1a：产业集群网络密度越高，越有利于深度知识共享。

假设 1b：产业集群网络密度越高，越不利于广度知识共享。

3.2.1.2　集群网络集中度对集群知识共享的影响

网络集中度（centralization）衡量一个网络围绕一个或少数几个行动者发生联系的程度。具有高度网络集中度的非正式网络，在其运行表现出更强的机械性和官僚性，反之，网络则更具有有机性和柔性（Shrader *et al.*，1989）。表示一个网络的集中性的指标是中心性，包括程度中心性（Degree Centrality）和中介中心性（Betweenness Centrality）。中心性是社会网络分析的重点之一，近年来，中心性的概念也渗透到知识管理领域中。克拉兹（Kraatz，1998）认为，组织内部以及组织间知识转移，不仅局限于给定的两个行动者，还受到两个行动者之外的第三方影响，对第三方的有效测量可以更确切地反映个体或组织间知识转移的影响因素，网络集中度恰好反映了整个网络的效果。伯特（1992）提出了社会网络的"结构洞"理论，结构洞存在于两个互不关联的他我之间（alters）。与两个互不关联的他我相关联的行动者就可以成为两个他我之间的桥梁，这两个他我之间的信息交流就需要这个个体作为媒介或者中介。处于这种位置的行动者就具备了某种优势，也就是说这个行动者可以获得这两个不联系的他我的信息，可以将从其中一位他我处所得到的信息与另外一个他我进行交易。这种行动者的行为因其提供信息以及协调独立的他我之间的活动的能力而为组织增加价值（Burt，

1997；Galbraith，1977）。此外，当两位他我拥有相类似的资源时，处于中介位置的行动者可以让二者相互竞争，进而寻求与提供最好回报的他我之间进行社会（或物质）交易。越是接近结构洞的行动者，其对信息控制能力越强。所以占据这种的位置越多，就代表其中介中性越高，越多的人联系时需要通过他这个结点作为媒介或者桥梁（罗家德，2010）。

网络中心性是解释网络及其参与者关联状况的方法之一，主要是对行为者在网络中的位置进行评价，从而得出一个结点的中心性，而中心性就决定了结点在网络中的权利和地位。网络中心性的研究可以分为两种类型，一是以网络中个体为考察对象，研究个体在网络中的位置，这种位置包括程度中心位置和中介中心位置（另外还有亲近中心位置，因为该位置与本书研究没有关系，在此不作详述），这些研究侧重于强调处于这样位置的个体如何获取网络优势，而且两种网络位置带来的优势也是有差异的，前者反映个体在网络中的影响力，后者反映了对网络信息的控制力。二是研究整个网络的集中性趋势，而不考虑某个个体在网络中的具体位置。当某个网络以某个或几个个体为中心互动时，说明这个网络的集中度高；而网络中没有这样的个体时，说明网络集中度低。同样，网络集中度又可以分为程度中心位置和中介中心位置，两者从不同角度对整个网络特征进行描述。但是与个体网络位置的中心性不同，整体网络集度的两个维度分别表示一个网络中是否有中心力量的存在。衡量网络集中性两个维度的量分别是网络程度中心性和网络中介中心性，它们各自反映了不同的网络特征和功能。同样，在产业集群网络的研究中，本书也从集群网络的程度中心性和中介中心性两个方面进行研究，分别探讨集群网络程度中心性和网络中介中心性对集群知识共享的影响。

（1）集群网络程度中心性对集群知识共享的影响。

网络程度中心性反映了网络正规化、规范化程度。当网络程度中心性高时，说明有一个或几个个体在其中起到主导作用，其他个体以他们为核心，这个网络就越正规化、规范化，甚至层级化，如果套用组织结构的概念，更表现出机械性。相反，低网络程度中心性表明网络中没有其主导作用的成员，成员之间互动更为平等，网络正规化和规范性程度低，更类似于有机式组织的特征。

同样，产业集群网络程度中心性也存在着差异。网络程度中心性高的集群，说明该集群中有一个或几个主导企业，其他成员围绕着它们开展生产经营活动。例如，在一个集群中有一个或几个大型企业，它们是这个集群的核心，所有其他机构都围绕着它们从事配套生产、技术服务、人力资源、销售等。在这样的集群中，主导企业在其周围形成了较为稳定的企业关系，这种关系形同费孝通先生的"差序格局"人际圈。所有的知识共享也是围绕着这些核心企业展开，共享的知识往往以核心企业的需要为主，知识在成员之间广泛传播。相对于其他成员企业，集群中的核心企业的创新往往一般采用的是渐进式的方式进行，在自己已有产品、技术、流程、工艺和管理的基础上进行完善和提高；他们很少采用颠覆式的激进式创新，激进式创新需要企业放弃已有的成功经验和做法，面临着更大的风险。由此，本书认为网络中心性高的集群往往会形成深度知识的共享，而很少进行多样化知识的共享，即很少进行广度知识的共享。因此，本书在此提出假设：

假设 2a：集群网络程度中心性越高，集群越会进行深度知识共享。

假设 2b：集群网络程度中心性越高，集群越不会进行广度知识共享。

（2）集群网络中介中心性对集群知识共享的影响。

网络集中度的另一个重要的维度是中介中心位置，一般用网络中介中心性测量。中介中心性是衡量网络内的成员对信息资源控制程度的指标，反映某一结点作为连接其他结点/中介以及对其他结点的实际控制力。根据结构洞理论，当两两结点必须通过某一结点进行联系，处于两者连接状态的第三者拥有两种优势：信息优势和控制优势（Burt，1992）。占据结构洞的结点具有较高的中介中心性，能够获取来自多方面的异质性信息，使得该结点获得更丰富的信息资源进而成为信息和知识集散中心，从而具有信息优势。占据结构洞的结点连接最初没有联系的两两节点，因此拥有调和双方的独特优势，可以决定各种资源的流动方向，从而形成控制优势。对于整个集群而言，中介中心性高的成员企业在网络中处于枢纽地位，有更多的机会从不同渠道获取一定信息和知识，从而增加彼此间的知识共享，进而迸发出新思想、新观念和新知识，促进整个网络的创新。

就集群网络整体而言，中介中心性高意味着集群网络中存在着较多的结构洞，而且有一个或多个成员企业在这个网络中占据着中介中心位置，他们是知识在集群中转移的中介和桥梁。中介中心性高的集群网络，知识转移受到处于中介中心位置的企业的控制和影响，他们接受来自各方多样化的知识，知识呈星形传播和扩散。在中介中心性高的集群网络中，一般存在着一个或几个控制着这个集群网络知识和信息传播的企业，这些企业一般也是整个集群的核心。与程度中心性不同的是，这样的企业往往不一定规模很大，也不是通过影响力来影响其他成员企业的共享行为，他们是通过对信息和知识的流动的控制能力来影响集群知识共享行为。另外，处于中介中心性高的集群网络中核心企业，获取多样化知识的优势会促使他们为了保持这样的中心位置而不断地创新，为了防止其他成员企业的模仿，而会采用激进是创新，以便其他成员企业难以竞争，而一直处于中介中心位置。因此，集群网络中介中心性越高，越有利于广度知识的共享。诚如 March（1991）研究认为，在网络中存在若干个作为桥梁或媒介的企业或机构，这些成员促进了集群内部的信息交流和知识共享，不断拓展知识共享的宽度。因此，提出假设：

假设 3a：集群网络中介中心性越高，集群越会进行广度知识共享。

假设 3b：集群网络中介中心性越高，集群越不会进行深度知识共享。

3.2.2　成员企业知识共享意愿的调节作用

产业集群中存在的知识溢出（spill over），可以分为两种情况：一是集群内部成员企业之间由于业务联系相互合作、相互学习所形成的相互溢出；二是由于知识本身具有公共物品的属性，即知识使用的非排他性，集群内部的成员企业可以在边际成本为零的情况下使用其他主体生产出的知识。前者"溢出者"和"受溢者"是明确的、互利的；而后者"受溢者"无须征得"溢出者"的同意，甚至无须明确知道谁是"溢出者"，好像是在使用集群的共享知识。知识共享既可以是有意识地搜集或贡献，也可以是知识的自然外溢。无论是利用何种溢出的知识，都需要成员企业有知识共享的意愿，如果在一个集群中，成员企业没有贡献知识的意愿，即使有共享的机会也不会主动地加以利用。

知识共享意愿（intention to knowledge sharing）是指个体愿意与他人共

享知识的主观可能性的程度（Ford，2004）。知识共享的意愿并非一种行为，而是一种主观的倾向性或意图。而学者们之所以热衷于对知识共享意愿的研究，是因为知识共享的意愿是可以有效预测知识共享行为的一个非常重要的构念。劳和帕特里奇（2002）指出，知识共享意愿应该是知识共享行为的一个前因变量。影响知识共享意愿的因素很多。知识的属性影响知识共享的意愿。相对于隐性知识，显性知识则是易于编码的（Lam，2000）且易于传播和沟通的（Schultz，2001）。显性知识和隐性知识的划分，有助于理解知识本质和知识转移过程，对于知识管理产生了广泛而深远的影响。本书在强调知识共享意愿重要性的前提下，认为知识共享意愿不仅仅是作为知识共享的直接原因，还有可能在集群网络特征与知识共享之间起到调节作用。下面这一小节，将研究知识共享意愿可能在集群网络密度与知识共享之间起到调节作用，以及知识共享意愿在集群网络集中性与知识共享之间的调节作用。

3.2.2.1　知识共享意愿在集群网络密度与集群知识共享之间的调节影响

网络密度是网络研究中描述网络结构属性的变量之一，密度表明了网络中企业之间相互连接的程度，企业之间的连接越多，网络密度就越大。网络密度的高低，直接影响集群中企业对知识的可获得性及其质量，从而影响企业交易成本、学习成本、生产成本和机会成本的高低。集群网络密度为集群知识共享提供了一个机会和平台，有利这个机会和平台未必带来有效的知识共享，因为这个机会的把握和这个平台的利用还需要集群内的成员企业有知识共享的意愿。这种共享意愿既包括愿意投入相关知识和愿意接受其他成员提供的知识。当有了机会和平台（集群网络密度高），知识共享意愿越高，知识共享的效果将会越好。也就是说知识共享意愿可以进一步撬动集群网络密度对知识共享的影响力。因此，本书认为知识共享意愿具有调节功能：

假设4a：产业集群中成员企业知识共享意愿越高，产业集群网络密度对集群深度知识共享影响越大。

假设4b：产业集群中成员企业知识共享意愿越高，产业集群网络密度对广度知识共享的影响越小。

3.2.2.2 知识共享意愿在集群网络集中性与集群知识共享之间的调节影响

集群网络集中度也是促进或阻碍集群知识共享的一个重要的途径或因素。根据前面的分析，集群网络集中对集群知识共享的影响分别从两个维度来考虑。接下来分析知识共享意愿对这两个维度对知识共享影响的调节作用。

（1）知识共享意愿在集群网络程度中心性与集群知识共享之间的调节影响。

产业集群内成员企业的知识共享意愿会对集群网络程度中心性对知识共享效果产生积极的影响。一方面，成员企业知识共享意愿会对集群网络程度中心性影响知识共享深度起到积极的调节作用。集群网络程度中心性对知识共享的影响程度要视集群网络中成员企业的知识共享意愿高低。网络程度中心性高的集群为深度知识共享提供了机会和平台，这个机会和平台作用发挥还要视整个集群中成员企业知识共享意愿的影响。当每个成员企业都有强烈的共享意愿，他们会投入更多的知识，更主动地与其他企业交流，促进企业间的深度合作，充分利用网络程度中心性的作用，更好地促进知识共享。另外，当企业有较强的知识共享意愿时，会激励他们增加对学习的投入，提高吸收能力。这种对学习的关注和吸收能力的提高也会增加企业对核心企业需要的知识以外的知识的吸收和共享。因此，本书认为：

假设5a：产业集群中成员企业知识共享意愿越高，产业集群网络程度中心性对集群深度知识共享影响越大。

假设5b：产业集群中成员企业知识共享意愿越高，产业集群网络程度中心性对广度知识共享的影响越小。

（2）知识共享意愿在集群网络中介中心性与集群知识共享之间的调节影响。

在集群网络中介中心性特征影响集群知识共享广度的过程中，成员企业知识共享意愿也会起到重要的作用。对处于集群网络中介中心位置的企业，如果他们没有知识共享意愿，他们会利用所处的有利的网络位置，考虑到自身偏好、利益或其他因素影响，加强对知识转移的控制，不轻易将有价值的信息和知识扩散出去，从而保持团队内部结构洞的存在，导致更多机会成本的产生，从而影响到其他成员企业的学习和知识共享效果。相反，如果他们有强烈的知识贡献意愿，这种意愿无论是自身的需要还是一种习惯，都会促使他们积极发挥中介中心位置的优势，积极促进不同成员企业之间的知识共享。同样，其他成员企业如果没有强烈的知识共享意愿，即使中心企业提供了学习的机会和共享的平台，他们也不会主动去学习，也会影响知识共享的效果。如果他们有强烈的知识共享意愿，他们会积极利用中介中心位置企业提供机会和平台，积极投入到知识共享平台中，必然会提供整个网络知识共享的效果。基于此，本书认为：

假设 6a：产业集群中成员企业知识共享意愿越高，集群网络中介中心性越有利于集群广度知识共享。

假设 6b：产业集群中成员企业知识共享意愿越高，集群网络中介中心性对深度知识共享的影响越小。

3.2.3 成员企业知识共享意愿与共享能力互动对集群网络特征与集群知识共享之间关系的调节作用

知识共享是其知识应用与创新的基础，其能力的强弱决定了知识应用与创新的效率。知识共享能力是指一个组织能够在多大程度上有效地共享其所拥有的各种知识资源。企业知识共享能力的强弱与两方面的因素相关，一是其知识共享的技术能力，二是非技术能力，二者缺一不可，只有这两个能力都较强时，企业才具有较强的知识共享能力。本书沿着这个思路，将知识共享能力进行了延伸和扩展，从组织层面延伸到集群层面，并认为集群知识共享能力是指集群中成员企业投入其他企业所需知识、吸收集群知识的能力。集群知识共享能力是集群知识共享的前提和基础，没有知识共享能力，就不存在知识共享。集群中的成员企业在知识共享中承担者两种角色，其一是共享知识的提供者。在企业合作和交流中，积极将所拥有的知识投入到集群中，供其他企业使用；其二是利用集群网络，吸收集群中共享的知识。知识共享的效果是由这两个方面共同作用所决定的。无论是供给还是吸收，也就是共享的效果都取决于知识共享能力的大小。

本书的研究逻辑是，集群网络为成员企业提供了知识共享的平台和机会，这个平台和机会的利用价值取决于集群成员是否愿意共享，也就是说集群知识共享意愿为利用这个平台和机会提供激励；有了平台和机会，又有了共享的意愿，未必就能促进知识的共享，知识共享的效果还取决于知识共享的能力。没有共享能力，一切都是水中月镜中花。由此，本书认为产业集群成员企业的知识共享能力是保证其知识共享意愿得以实现的基础，因此，二者的互动，会对集群网络密度、集群网络集中性与集群知识共享深度及广度之间的关系产生积极的调节作用。据此，有关集群网络密度方面，提出假设：

假设7a：成员共享意愿与共享能力互动增强了产业集群网络密度对集群深度知识共享的影响程度。

假设7b：成员共享意愿与共享能力互动降低了产业集群网络密度对广度知识共享的影响程度。

另外，在集群网络集中性方面，本书的假设是：

假设8a：成员共享意愿与共享能力互动增强了集群网络程度中心性对集群知识共享深度的影响程度。

假设8b：成员共享意愿与共享能力互动降低了集群网络程度中心性对集群知识共享广度的影响程度。

假设9a：成员共享意愿与共享能力互动增强了集群网络中介中心性对集群广度知识共享的影响程度。

假设9b：成员共享意愿与共享能力互动降低了集群网络中介中心性对深度知识共享的影响程度。

3.2.4 集群知识共享对集群绩效的影响

从组织学习的视角，知识共享可分为深度知识共享和广度知识共享（March，1991），这两种不同的学习导向究竟对集群绩效产生什么样的影响。现有研究并未给出统一的结论。本书根据已有对企业绩效的研究，将集群绩效分为新产品绩效和整体财务绩效（蒋春燕、赵曙明，2006），分别探讨不同知识共享导向与新产品绩效和整体财务绩效的关系。

3.2.4.1 广度知识共享战略与集群绩效

广度知识共享是对全新知识的学习和全新机会的尝试，这种知识共享导向能为集群网络中的成员带来全新的知识和技术，不断拓展组织知识的广度，通常会产生一系列异质性的产品创新和工艺技术创新，从而有利于网络成员开发全新的产品或进入一个全新的市场领域。在广度知识共享导向下，探索式学习增加知识的宽度，进而创造全新的知识和技术，探索式学习是对现有的产品、技术、流程和工艺等进行颠覆性否定，放弃已有的成功经验，获得先动优势（蒋春燕、赵曙明，2006）。已有研究对中国产业集群的研究发现，广度知识共享易于促进企业的探索式学习，这种学习与新产品绩效有显著的正向关系（Atuahene-Gima & Li，2003）。而蒋春燕和赵曙明（2006）对中国江苏省和广东省的产业集群内的 676 家新兴企业的实证研究也表明，集群内广度知识共享增加了探索式学习机会，而且企业整体财务绩效正相关。

在对产业集群的研究中，在集群广度知识共享导向下，集群网络中的成员企业对知识和技术的学习和积累不是一蹴而就的，需要相当漫长的时间去拓展和整合现有知识和技术，以至于产生全新的知识和技术，这个漫长的过程具有相当大的产出不确定性。而且，广度知识共享行为的目的是创新新的产品和服务符合未来客户和市场的需求。因此广度知识共享行为着眼长远，往往会牺牲短期的整体财务绩效。因此，与已有在企业层次的研究相似，本书认为在集群层次上也有相似的结果：

假设 10a：集群网络的广度知识共享对集群新产品绩效有积极影响。

假设 10b：集群网络的广度知识共享对与整体财务绩效有负面影响。

3.2.4.2 深度知识共享战略与集群绩效

深度知识共享的集群，通常强调对信息和知识深度的挖掘，其学习方式一般是利用式的，创新具有一定的渐进性和连续性特征，专注于对现有的产品、技术市场的进行渐进性的改进提高客户满意度。集群深度知识共享行为是对现有成熟的产品和服务不断改进和完善，它能够提高短期整体财务绩效来实现集群绩效的提升。在产业集群的研究中，深度知识共享行为促进了开发式学习，能够总结成员企业成功经验，避免失误、减少成本、提高效率，可获得规模经济，增加收入（蒋春燕、赵曙明，2006）。陆亚东和彭维刚（Luo & Peng，1999）对江苏省新兴合资企业的研究表明开发式学习与企业的整体财务绩效显著正相关。由于深度知识共享行为强调对现有信息和知识的深度挖掘，主要关注如何改进和改良现有产品和技术，通过对现有产品和技术的优化和完善，去服务现有的客户需求和市场需求，在短期内容易提升整个集群的绩效，但是这种对已有产品、技术的改善，以及对现有市场的深度开拓，往往忽视对环境变化的敏感性和适应性，很难满足未来客户新需求，从而不利于长期绩效。因此，本书认为：

假设 11a：集群网络的深度知识共享对集群新产品绩效有负面影响。

假设 11b：集群网络的深度知识共享对与整体财务绩效有积极影响。

3.3　研究模型

综上所述，本书首先将产业集群视为一种有边界的网络结构（组织），在既有集群网络下，集群成员企业很难突破这种网络结构，不论是集群层面还是集群企业层面的活动，比如交换、竞合等，都要受到既有网络的影响。本书研究这种集群网络集中度（集群程度中心性、集群中介中心性）对集群内部知识共享的影响，并进一步探求这种影响的情境因素，以期构建一个系统的集群网络的知识共享理论假设框架，在此基础上进行实证性研究，形成相应的理论。基于"机会—意愿—能力模型"，本书提出集群网络为集群内部的企业提供了知识共享的机会，要想实现这个机会还有赖于集群内各个主体知识共享的意愿和知识共享的能力。其次，在产业集群层次，将集群绩效划分为产出绩效和创新绩效，进一步研究产业集群知识共享对集群绩效的影响。具体研究模型如图 3-1 所示。

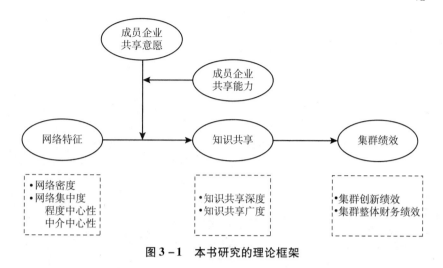

图 3-1　本书研究的理论框架

3.4　本 章 小 结

知识经济时代，产业集群的知识关系特征表现的更加明显，许多企业加入产业集群以获取集群知识的溢出效应。集群内部成员之间的知识共享效果，会受到集群网络自身特征的影响，表现在同样的经济和政策环境下，不同的网络结构形态会影响不同的知识共享效果，进而影响集群的新产品绩效和整体财务绩效。本研究在已有研究的基础上，整合集群网络、知识共享等领域的理论成果，提出"集群网络特征—集群知识共享—集群绩效"这一理论模型，并加入成员企业知识共享意愿和能力作为调节变量，相应的假设有待检验，如表 3-1 所示。

表 3-1　　　　　　　　　　本书研究假设列表

效应	假设	内容
集群网络密度对集群知识共享的影响	1a	产业集群网络密度越高，越有利于深度知识共享
	1b	产业集群网络密度越高，越不利于广度知识共享
集群网络程度中心性对集群知识共享的影响	2a	集群网络程度中心性越高，集群越会进行深度知识共享
	2b	集群网络程度中心性越高，集群越不会进行广度知识共享
集群网络中介中心性对集群知识共享的影响	3a	集群网络中介中心性越高，集群越会进行广度知识共享
	3b	集群网络中介中心性越高，集群越不会进行深度知识共享

效应	假设	内容
知识共享意愿在集群网络密度与集群知识共享之间的调节影响	4a	产业集群中成员企业知识共享意愿越高，产业集群网络密度对集群深度知识共享影响越大
	4b	产业集群中成员企业知识共享意愿越高，产业集群网络密度对广度知识共享的影响越小
知识共享意愿在集群网络集中性与集群知识共享之间的调节影响	知识共享意愿在集群网络程度中心性与集群知识共享之间的调节影响	
	5a	产业集群中成员企业知识共享意愿越高，产业集群网络程度中心性对集群深度知识共享影响越大
	5b	产业集群中成员企业知识共享意愿越高，产业集群网络程度中心性对广度知识共享的影响越小
	知识共享意愿在集群网络中介中心性与集群知识共享之间的调节影响	
	6a	产业集群中成员企业知识共享意愿越高，集群网络中介中心性越有利于集群广度知识共享
	6b	产业集群中成员企业知识共享意愿越高，集群网络中介中心性对深度知识共享的影响越小
成员企业知识共享意愿与共享能力互动对集群网络特征与集群知识共享之间关系起到调节作用	7a	成员共享意愿与共享能力互动增强了产业集群网络密度对集群深度知识共享的影响程度
	7b	成员共享意愿与共享能力互动降低了产业集群网络密度对广度知识共享的影响程度
	8a	成员共享意愿与共享能力互动增强了集群网络程度中心性对集群知识共享深度的影响程度
	8b	成员共享意愿与共享能力互动降低了集群网络程度中心性对集群知识共享广度的影响程度
	9a	成员共享意愿与共享能力互动增强了集群网络中介中心性对集群广度知识共享的影响程度
	9b	成员共享意愿与共享能力互动降低了集群网络中介中心性对深度知识共享的影响程度
集群知识共享对集群绩效的影响	广度知识共享战略与集群绩效	
	10a	集群网络的广度知识共享对集群新产品绩效有积极影响
	10b	集群网络的广度知识共享对与整体财务绩效有负面影响
	深度知识共享战略与集群绩效	
	11a	集群网络的深度知识共享对集群新产品绩效有负面影响
	11b	集群网络的深度知识共享对与整体财务绩效有积极影响

第 4 章

模型与变量的测量

4.1 计量经济模型

第 3 章对集群网络特征、集群知识共享以及集群绩效三者关系进行了详细的理论推演，并探析了成员企业知识共享意愿对集群网络特征与集群知识共享的调节影响，以及成员企业知识共享意愿与知识共享能力互动对集群网络特征与集群知识共享的调节作用，据此提出了本研究的研究理论假设。这些理论假设需要进行进一步实证检验，才能确定其是否与现实相符，才能进一步推断这些假设的正确与否，从而形成相应的理论。本书通过对来自江苏省 91 家产业集群的样本进行实证调研，获取数据，检验所提出的理论假设。在对理论假设进行验证之前，需要将本书理论框架中的关键构念（Constructs）操作化，使之成为可测量的变量，进而将这些理论假设模型转化为计量模型。

4.1.1 变量设定

根据本书的研究内容和研究假设，需要对集群网络特征、集群知识共享、集群知识共享能力、集群绩效等相关构念及其维度进行操作化，形成相应的变量，以便于建立计量经济模型和测量，为进一步检验假设做好准备。

（1）集群网络特征的变量设定。本书涉及的集群网络特征是本书的前因因素，设置成变量后相当于自变量，包括集群网络密度、集群网络程度中心性、集群网络中介中心性，而集群网络规模作为控制变量，在控制变量部分详述。根据习惯，一般用变量和构念英文大写首字母作组合为下标来表示，便于识别和理解。本书对集群网络特征的三个维度——网络密度（Network Density）、网络程度中心性（Network Degree Centrality）和网络中介中心性（Network Intermediary Centrality）分别用 x_D、x_{DC}、x_{BC} 来表示。

（2）集群知识共享的变量设定。因为集群知识共享相对于集群网络特征，其为因变量，采用 y 加构念大写首字母组合作为下标来表示。集群知识共享的两个维度——知识共享广度（Breadth of Knowledge Sharing）和知识共享深度（Depth of Knowledge Sharing）分别用 y_{BKS} 和 y_{DKS} 来表示。

（3）集群绩效的变量设定。集群绩效作为结果因素，设置成变量后相当于是因变量。因此采用 p 和集群绩效两个维度大写英文首字母组合来表示，其两个维度——整体财务绩效（Financial performance）和创新绩效（Innovation Performance）分别用 p_{FP}、p_{IP} 来表示。

（4）成员企业知识共享意愿和知识共享能力的变量设定。成员企业知识共享意愿和能力作为调节变量，调节集群网络特征与集群知识共享关系。采用 m 和构念大写首字母组合作为下标来表示。本书企业知识共享意愿（Knowledge Sharing Willingness）和知识共享能力（The Knowledge Sharing Ability）分别用变量 m_{KSW} 和 m_{KSA} 表示。

相关的控制变量，在此先用变量 c_{CV} 来表达其总效应。本书在将在后边的章节作详细说明。

4.1.2 集群网络特征与集群知识共享之间关系计量模型

根据本书，集群网络特征各个维度对集群知识共享各维度影响的假设，各自对应的计量经济模型为：

（1）集群网络密度与集群知识共享之间关系计量模型：

$$y_{DKS} = a_1 + b_1 x_D + c_1 c_{CV} + \varepsilon_1 \qquad (4.1)$$

$$y_{BKS} = a_2 + b_2 x_D + c_2 c_{CV} + \varepsilon_2 \qquad (4.2)$$

其中 a_i、b_i、$c_i(i=1, 2)$ 为回归系数，$\varepsilon_i(i=1, 2)$ 为误差项，表示集群知识共享各维度未被集群网络密度所解释的部分。

（2）集群网络程度中心性与集群知识共享之间关系计量模型：

$$y_{DKS} = a_3 + b_3 x_{DC} + c_3 c_{CV} + \varepsilon_3 \tag{4.3}$$

$$y_{BKS} = a_4 + b_4 x_{DC} + c_4 c_{CV} + \varepsilon_4 \tag{4.4}$$

其中 a_i、b_i、$c_i(i=3, 4)$ 为回归系数，$\varepsilon_i(i=3, 4)$ 为误差项，表示集群知识共享各维度未被集群网络程度中心性所解释的部分。

（3）集群网络中介中心性与集群知识共享之间关系计量模型：

$$y_{DKS} = a_5 + b_5 x_{BC} + c_5 c_{CV} + \varepsilon_5 \tag{4.5}$$

$$y_{BKS} = a_6 + b_6 x_{BC} + c_6 c_{CV} + \varepsilon_6 \tag{4.6}$$

其中 a_i、b_i、$c_i(i=5, 6)$ 为回归系数，$\varepsilon_i(i=5, 6)$ 为误差项，表示集群知识共享各维度未被集群网络中介中心性所解释的部分。

4.1.3　成员企业知识共享意愿的调节效应的计量模型

根据本书研究假设，成员企业知识共享意愿对集群网络特征与集群知识共享之间的关系起到调节作用。根据调节作用的检验方法，设置相应的计量经济模型，包括：

（1）知识共享意愿在集群网络密度与知识共享之间的调节效应计量模型：

$$y_{DKS} = a_7 + b_7 x_D + b_7' m_{KSW} + b_8'' x_D \times m_{KSW} + c_7 c_{CV} + \varepsilon_7 \tag{4.7}$$

$$y_{BKS} = a_8 + b_8 x_D + b_8' m_{KSW} + b_7'' x_D \times m_{KSW} + c_8 c_{CV} + \varepsilon_8 \tag{4.8}$$

其中 a_i、b_i、b_i'、b_i''、$c_i(i=7, 8)$ 为回归系数，特别是 $b_i''(i=7, 8)$ 表示调节效应的回归系数，当它在一定的统计显著性水平下显著时，说明调节效应存在；$\varepsilon_i(i=7, 8)$ 为误差项，表示集群知识共享各维度未被解释的部分。

（2）知识共享意愿在集群网络程度中心性与知识共享之间的调节效应计量模型：

$$y_{DKS} = a_9 + b_9 x_{DC} + b_9' m_{KSW} + b_9'' x_{DC} \times m_{KSW} + c_9 c_{CV} + \varepsilon_9 \tag{4.9}$$

$$y_{BKS} = a_{10} + b_{10} x_{DC} + b_{10}' m_{KSW} + b_{10}'' x_{DC} \times m_{KSW} + c_{10} c_{CV} + \varepsilon_{10} \tag{4.10}$$

其中 a_i、b_i、b_i'、b_i''、$c_i(i=9, 10)$ 为回归系数，特别是 $b_i''(i=9, 10)$

表示调节效应的回归系数，当它在一定的统计显著性水平下显著时，说明调节效应存在；$\varepsilon_i(i = 9，10)$ 为误差项，表示集群知识共享各维度未被解释的部分。

（3）知识共享意愿在集群网络中介中心性与知识共享之间的调节效应计量模型：

$$y_{DKS} = a_{11} + b_{11}x_{BC} + b'_{11}m_{KSW} + b''_{11}x_{BC} \times m_{KSW} + c_{11}c_{CV} + \varepsilon_{11} \qquad (4.11)$$

$$y_{BKS} = a_{12} + b_{12}x_{BC} + b'_{12}m_{KSW} + b''_{12}x_{BC} \times m_{KSW} + c_{12}c_{CV} + \varepsilon_{12} \qquad (4.12)$$

其中 a_i、b_i、b'_i、b''_i、$c_i(i = 11，12)$ 为回归系数，特别是 $b''_i(i = 11，12)$ 表示调节效应的回归系数，当它在一定的统计显著性水平下显著时，说明调节效应存在；$\varepsilon_i(i = 11，12)$ 为误差项，表示集群知识共享各维度未被解释的部分。

4.1.4 成员企业知识共享意愿和共享能力互动的调节效应计量模型

根据本书研究假设，成员企业知识共享意愿和共享能力互动对集群网络特征与集群知识共享关系调节影响，包括三个调节效应假设，相应的计量模型包括：

（1）知识共享意愿和共享能力互动在集群网络密度与知识共享之间的调节效应计量模型：

$$y_{DKS} = a_{13} + (b_{13}x_D + b'_{13}m_{KSW} + b''_{13}m_{KSA}) + (d_{13}x_D \times m_{KSW} + d'_{13}x_D \times m_{KSA} +$$
$$d''_{13}m_{KSW} \times m_{KSA}) + e_{13}x_D \times m_{KSW} \times m_{KSA} + c_{13}c_{CV} + \varepsilon_{13} \qquad (4.13)$$

$$y_{BKS} = a_{14} + (b_{14}x_D + b'_{14}m_{KSW} + b''_{14}m_{KSA}) + (d_{14}x_D \times m_{KSW} + d'_{14}x_D \times m_{KSA} +$$
$$d''_{14}m_{KSW} \times m_{KSA}) + e_{14}x_D \times m_{KSW} \times m_{KSA} + c_{14}c_{CV} + \varepsilon_{14} \qquad (4.14)$$

其中 a_i、b_i、b'_i、b''_i、d_i、d'_i、d''_i、e_i、$c_i(i = 13，14)$ 为回归系数，特别是 $e_i(i = 13，14)$ 表示知识共享意愿和共享能力互动调节效应的回归系数，当它在一定的统计显著性水平下显著时，说明调节效应存在；$\varepsilon_i(i = 13，14)$ 为误差项，表示集群知识共享各维度未被解释的部分。

（2）知识共享意愿和共享能力互动在集群网络程度中心性与知识共享之间的调节效应计量模型：

$$y_{DKS} = a_{15} + (b_{15}x_{DC} + b'_{15}m_{KSW} + b''_{15}m_{KSA}) + (d_{15}x_{DC} \times m_{KSW} + d'_{15}x_{DC} \times m_{KSA} +$$
$$d''_{15}m_{KSW} \times m_{KSA}) + e_{15}x_{DC} \times m_{KSW} \times m_{KSA} + c_{15}c_{CV} + \varepsilon_{15} \qquad (4.15)$$

$$y_{BKS} = a_{16} + (b_{16}x_{DC} + b'_{16}m_{KSW} + b''_{14}m_{KSA}) + (d_{16}x_{DC} \times m_{KSW} + d'_{16}x_{DC} \times m_{KSA} +$$
$$d''_{16}m_{KSW} \times m_{KSA}) + e_{14}x_{DC} \times m_{KSW} \times m_{KSA} + c_{16}c_{CV} + \varepsilon_{16} \qquad (4.16)$$

其中 a_i、b_i、b'_i、b''_i、d_i、d'_i、d''_i、e_i、c_i($i = 15,16$)为回归系数,特别是 e_i($i = 15,16$)表示知识共享意愿和共享能力互动调节效应的回归系数,当它在一定的统计显著性水平下显著时,说明调节效应存在;ε_i($i = 15,16$)为误差项,表示集群知识共享各维度未被解释的部分。

(3)知识共享意愿和共享能力互动在集群网络中介中心性与知识共享之间的调节效应计量模型:

$$y_{DKS} = a_{17} + (b_{17}x_{BC} + b'_{17}m_{KSW} + b''_{15}m_{KSA}) + (d_{17}x_{BC} \times m_{KSW} + d'_{17}x_{BC} \times m_{KSA} +$$
$$d''_{17}m_{KSW} \times m_{KSA}) + e_{17}x_{BC} \times m_{KSW} \times m_{KSA} + c_{17}c_{CV} + \varepsilon_{17} \qquad (4.17)$$

$$y_{BKS} = a_{18} + (b_{18}x_{BC} + b'_{18}m_{KSW} + b''_{18}m_{KSA}) + (d_{18}x_{BC} \times m_{KSW} + d'_{18}x_{BC} \times m_{KSA} +$$
$$d''_{18}m_{KSW} \times m_{KSA}) + e_{18}x_{BC} \times m_{KSW} \times m_{KSA} + c_{18}c_{CV} + \varepsilon_{18} \qquad (4.18)$$

其中 a_i、b_i、b'_i、b''_i、d_i、d'_i、d''_i、e_i、c_i($i = 17,18$)为回归系数,特别是 e_i($i = 17,18$)表示知识共享意愿和共享能力互动调节效应的回归系数,当它在一定的统计显著性水平下显著时,说明调节效应存在;ε_i($i = 17,18$)为误差项,表示集群知识共享各维度未被解释的部分。

4.1.5 集群知识共享与集群绩效之间关系计量模型

根据本书研究假设,集群知识共享与集群绩效之间关系分别从广度知识共享和深度知识共享两个维度分别假设,为了检验的方便,本书将两个维度作为自变量,来分别检验它们对集群整体财务绩效和创新绩效的影响,所得到的计量经济模型为:

(1)知识共享与集群整体财务绩效之间关系的计量模型:

$$p_{FP} = a_{19} + b_{19}y_{DKS} + b'_{19}y_{BKS} + c_{19}c_{CV} + \varepsilon_{19} \qquad (4.19)$$

(2)知识共享与集群创新绩效之间关系的计量模型:

$$p_{IP} = a_{20} + b_{20}y_{DKS} + b'_{20}y_{BKS} + c_{20}c_{CV} + \varepsilon_{20} \qquad (4.20)$$

其中 a_i、b_i、b'_i、c_i($i = 19,20$)为回归系数,ε_i($i = 19,20$)为误差

项，表示集群知识共享各维度未被解释的部分。

4.2 变量测量

本书实证研究的逻辑是：首先，整合社会网络理论、知识基础理论和产业集群理论等，提出了本书研究框架和研究假设；其次，为了对研究框架和假设进行检验，将研究框架和假设中关键构念转化变量，并进一步转化为可以检验的计量经济模型。按照研究的逻辑顺序，接下来对各个变量进行操作化，形成可测量的量表，便于进一步测量。本书所要测量的变量包括：反映集群网络特征的变量——网络密度、网络程度中心性、网络中介中心性；集群知识共享的两个维度——深度知识共享、广度知识共享；集群绩效的两个维度——整体财务绩效、创新绩效；作为调节变量的知识共享意愿和知识共享能力的测量；最后有关控制变量的测量。

4.2.1 自变量：集群网络特征的测量

在管理学研究中，由于社会网络理论的引入，在理论建模和实证模型时，社会网络分析方法成为收集定量数据与测量变量的必须工具。很多心理学、社会学、管理学的概念测量都可以通过社会网络相关概念来进行，例如在罗家德（2005）的研究中，将特殊信任通过关系强度来表达。社会网络分析方法可根据研究目标分为自我中心网络分析方法和整体网络分析方法。自我中心网络分析方法只能分析社会关系（Social Ties），不能用于分析网络结构，而整体社会网络分析方法正好相反，对整个网络结构分析较为方便。在做整体网络数据收集时，必须首先确定一个有边界的网络。

本书以产业集群作为研究对象，基于整体网络视角，研究集群网络特征对集群知识共享的影响，在收集网络数据时，应该采用整体网络研究方法，便于确定一个封闭的、有边界的群体。本书需要采用测量的整体网络数据包括：网络规模、网络密度、网络程度中心性与网络中介中心性。

4.2.1.1 集群网络密度的测量

根据网络密度的定义，网络密度是指网络中的行动者之间实际联结的数目与他们之间可能存在的最大的联结数目的比值。在本书研究中，根据网络程度中心性和中介中心性的数据，来确定一个产业集群存在的实际联结数量。计算公式如下：

$$x_D = \frac{n}{N}$$

$$N = \frac{g(g+1)}{2}$$

其中，n 为集群网络中各个成员企业之间实际存在的关系数目，N 为最大可能存在的数目，g 为集群网络中成员数量。

4.2.1.2　集群网络程度中心性的测量

集群网络程度中心性的测量采用整体网络视角的网络测量方法。程度中心性用来测量集群网络中成员之间的友谊或情感网络中的网络位置，反映了整个集群网络的集中性程度，程度中心性越高，说明网络中存在着一个或几个主导型的企业，他们在网络中具有权力优势（影响力和声誉），本书参考克拉克哈特等人（Krackhardt *et al.*，1985）的友谊网络问卷（在此基础上略作了修改）。本书采用三个题项来测量：①在企业面临困难时，贵公司首先会向哪些企业求助；②哪些企业家和您聊天时，会谈到他公司的内部事务？③请选择您认为最熟的三位关系网络企业。在数据处理上，根据每个题项的得分，计算出相应的程度中心性得分，然后对三个题项得出的三个中心性得分进行平均，得到总的个体程度中心性得分。所用的计算程度中心性的公式为：

$$C_D = \frac{\sum_{i=1}^{n}(C_{D\max} - C_{Di})}{\max \sum_{i=1}^{n}(C_{D\max} - C_{Di})}$$

其中，C_D 为网络程度中心度（又称为网络程度中心势），$C_{D\max}$ 为网络中个体程度中心性最大值，C_{Di} 为网络中第 i 个个体的程度中心性值。

4.2.1.3　集群网络中介中心性的测量

中介中心性用来测量咨询网络中的中介位置，反映了集群中某个或几个企业在网络中的信息优势，中介中心性高，说明在集群网络中有一个或几个主导型企业，他们控制着集群内部的信息和知识的流动。本书参考克拉克哈特等人（1985）的咨询网络问卷。因为主要测量获得的信息好处，因此主要测量个体在咨询网络中的内向中心性（内向中心性是指个体向外界需求信息帮助的优势）。本书采用三个题项：①当企业经营遇到瓶颈时，贵公司会向哪些企业求助；②贵公司喜欢与哪些企业讨论企业经营工作；③当企业经营遇到瓶颈时，哪些企业会主动来帮助贵公司。在数据处理上，根据每个题项的得分，计算出相应的中介中心性得分，然后对三个题项得出的三个中心性得分进行平均，得到总的个体中介中心性得分。所用的计算中介中心性的公式为：

$$C_B = \frac{2\sum_{i=1}^{n}(C_{Bmax} - C_{Bi})}{(N-1)^2(N-2)}$$

其中，C_B 为网络中介中心度（又称为网络中介中心势），C_{Bmax} 为网络中个体中介中心性最大值，C_{Bi} 为网络中第 i 个个体的中介中心性值，N 为整个网络总个体数（或节点数）。

4.2.2 因变量：集群知识共享的测量

本书将集群知识共享定义为集群网络中的各种企业和机构之间知识交换、信息交流的过程。具体地说，集群知识共享是指集群网络中各类主体将所拥有的知识投入到知识共享平台，同时，根据需要从这个共享平台中获取所需要的知识，实现组织的目标。以往研究从过程观和效果观不同，共享的知识学习角度来对知识共享进行分类，当共享的知识是指企业沿着已有的技术轨迹、知识和惯例学习，就是深度知识共享，这样以往研究的开发式学习相似；而当共享的知识是沿着全新的知识、技术轨迹进行学习（Gupta *et al.*，2006），就是广度知识共享，这种共享过程与探索式学习相似。由此，深度知识共享与广度知识共享的测量可以借鉴开发式学习与探索式学习的测量量表。

本书根据玛齐（March，1991）的研究，并借鉴阿图恩－基玛（Atua-hene-Gima，2003）的测量，测量深度知识共享，其题项分别为：①贵公司重视搜寻企业当前所在产品和市场的信息；②贵公司在集群内经常与同业交流改善产品和市场的信息；③贵公司积累当前有效解决市场/产品问题的方法。广度知识共享包含的题项分别为：①贵公司在集群内经常与其他企业或机构交流新的市场、技术信息；②贵公司在集群内经常与其他企业或机构讨论其他行业最新技术发展动向；③贵公司关注使企业脱离当前产品市场的新信息。对于采用 Likert 五级标度，对公司过去 3 年中对相应题项的认同程度进行评价，并相应选择从 1（不认同）到 5（非常认同）。

4.2.3　因变量：集群绩效的测量

在集群绩效测量上，还缺少相对成熟的量表和方法，本书借用已有对组织绩效的测量方法来测量集群绩效。对于大型集团公司而言，它们内部就是有多个相对独立的法人企业构成，它们有的是围绕着整个集团提供配件、技术和服务等产品（同轴多元化）；有的各自经营各自的产品，子公司之间没有太多的关联性（无关多元化）。这样的企业集团内部生态环境，与一个产业集群有很多相似之处，因此采用测量企业集团绩效的测量方法是可以用来测量产业集群的绩效的。

本书将集群绩效分为整体财务绩效和创新绩效，前者反映集群的短期财务绩效，后者反映企业的长期成长绩效（蒋春燕、赵曙明，2006）。整体财务绩效分别测量集群的实现利润、销售收入和主导产品市场占有率。

集群创新绩效反映了集群的创新能力，知识共享的一个重要作用是为集群内部企业创新提供智力支持。本书用新产品绩效来反映一个集群的创新能力和创新绩效。新产品绩效测量采用集群研发投入、R&D 占比，拥有专利数等指标。

4.2.4　调节变量：成员企业知识共享意愿的测量

知识共享意愿是指个体愿意与他人共享知识的主观可能性的程度（Ford，2004）。知识共享的意愿并非一种行为，而是一种主观的倾向性或意图。而学者们之所以热衷于对知识共享意愿的研究，是因为知识共享的意愿是可以有效预测知识共享行为的一个非常重要的构念。

目前已经有很多成熟的知识共享量表，但关于个体层面的比较多，康奈利和凯洛威（Connelly & Kelloway，2003）从文化道德视角出发，研究个体对是否应该共享知识的信念。博克和金永屈（2002）为了验证物质激励是否会促进个体知识共享的意愿及行为，也设计了他们的知识共享意愿量；随后，伯克登等（Bockdeng *et al.*，2005）在2002年研究的基础上对该量表进行了完善，分别从隐性知识的共享意愿和显性知识的共享意愿两个方面来测试知识共享的行为。福特（2004）基于不同的共享对象（亲密同事、关系较为疏远的同事以及一般大众）分别设计了三套测量知识共享意愿的量表。李在男（2001）将知识划分为显性知识和隐性知识，各用两个题项测量企业的知识共享意愿。根据这些已有测量，结合本书研究情境，本书参考博克等（2005）的测量方法。虽然该量表被多个学者所使用过，但是为了符合中国情境特征，在采用中略做了修改，并进行了严格的信度、效度检验。具体指标包括：①贵公司愿意经常与其他企业分享信息资料；②贵公司愿意经常为其他企业提供技术和方法指导；③贵公司经常与其他企业分享技术经验与窍门；④在其他企业的请求下，贵公司总是愿意提供本公司所知道的信息；⑤贵公司愿意尝试和其他企业分享技术研究中获得的专业知识；⑥贵公司与其他企业分享从非正式渠道获取的知识；⑦贵公司愿意与其他企业分享从各种渠道获取的有价值的信息。

4.2.5 调节变量：成员企业知识共享能力的测量

野中郁次郎和竹内广隆（1995）将包括内化能力、外化能力、社会化能力和组合化能力在内的有利于组织内知识共享发生的能力综合定义为"知识转化能力"。在此基础上，后续研究进一步对知识共享主体的能力进行了区分：知识源对知识的表达能力（Argote，Devadas & Melone，1990）和知识接收方的吸收能力（Szulanski，1996），前者要求发送方能够完整、准确的表达所传递的知识以让接受方易于理解和接受，后者则不仅包括接受还必须重构知识（Knowledge Restructuring）（Hendriks，1996）。知识共享是组织知识管理的核心，如何测评与识别组织知识共享能力是有关知识共享研究的一个重要课题。但是，对于组织知识共享能力测评的相关研究却所见甚少。尽管金永屈和李在男（2004）、戴尔（Dyer，1997）提到了知识共享能力，但都没有进行详细的研究，更没有开展专门的知识共享能力测评研究。樊治平等（2008）给出组织知识共享能力的概念，认为可以建立基于组织知识共享的技术能力与非技术能力这两个维度的指标体系。知识共享的技术能力维度主要体现在两个方面：编码整合和网络化。知识共享的非技术能力维度主要体现在三个方面：制度安排、激励机制和组织文化。本书基于樊治平（2008）的研究，根据集群中每个企业的得分，平均后形成集群知识共享能力得分。知识共享的技术能力包括：编码整合能力和网络化能力两个方面；而非技术能力包括：制度安排、激励机制和组织文化三个方面。与樊治平等（2008）在组织层面上研究不同，本书对知识共享的非技术能力的测量从企业层次转化为集群层次，通过这样处理，能够体现出不同集群之间的差异。在量表设计上，采用了贾森等（Jasen *et al.*，2005）针对知识获取、知识消化、知识转换和知识应用四个维度开发的量表并进行情境调整，针对具体指标包括：①贵公司密切跟踪新产品/新服务的市场需求变化；②贵公司能快速识别外部新知识对企业是否有用；③贵公司能够主动学习并积累未来可能用到的新知识；④贵公司定期与顾客或第三方机构组织获得来获取新知识；⑤贵公司经常推敲如何更有效地应用知识；⑥贵公司能够快速分析和理解变化的市场需求；⑦贵公司比较擅长把外部新技术吸纳到公司内部；⑧贵公司能快速理解外部技术/服务机遇；⑨贵公司对于市场变化反应比较敏锐。

4.2.6 控制变量的测量

（1）网络规模（Network Size）：网络规模是指处于特定社会网络中的成员与其他成员之间关系的数量。本书将集群网络规模作为控制变量主要基于如下考虑：网络规模影响着跨边界的知识转移（Burt，1992）。网络规模能通过影响人们形成跨不同主体进行知识表达的能力来促进知识转移。一个生活在同质网络的个体被用同样方式看问题的联系包围着，不需要考虑不同的观点，因为大部分网络成员用同样的方式看待世界。因此，具有网络规模特点的成员可以比较容易地实现知识在组织间的共享。网络规模测量方法主要是处于网络关系中的行动者数量的多少。一个集群网络中参与者数量越多，说明这个网络规模越大，参与者之间的互动关系可能就越复杂。诺里尔（Nohriar，1992）认为，每增添一位网络成员，就意味着企业家获得了新的外部资源。随着集群网络规模的不断扩大，成员企业获得网络资源的机会越来越多，同时也会影响到集群知识共享的广度。

（2）集群发展年限：集群发展年限影响到集群功能的完备程度，也影响到集群知识共享和集群绩效。时间越长成员之间互动次数越多、相互越了解，越易于产生信任关系。集群成立时间截止到 2013 年，取值自然对数转换。

（3）研发投入：集群研发投入在一定程度上影响集群绩效，也会影响到集群知识共享行为。研发投入高的集群往往更加关注构建信息交流平台，引进新技术和人才。因此本书将研发投入作为控制变量，用研发投入费用占比来表示。

（4）在研究影响集群绩效的因素中，除了集群规模、集群发展年限、上一年的研发投入、上一年的收入等也对集群绩效有一定的影响，本书将它们作为控制变量。

4.3　本章小结

本章首先对集群网络特征、集群知识共享、集群绩效等相关构念及其维度设置为变量，在此基础上将理论框架中的假设模型转化为相应的计量经济模型，便于后部分的假设检验，共形成了 20 个有待检验的计量模型，如表 4 −1 所示。

表 4 −1 　　　　　　　　　　计量模型列表

理论模型	计量模型
集群网络密度与集群知识共享之间关系	$y_{DKS} = a_1 + b_1 x_D + c_1 c_{CV} + \varepsilon_1$
	$y_{BKS} = a_2 + b_2 x_D + c_2 c_{CV} + \varepsilon_2$
集群网络程度中心性与集群知识共享之间关系	$y_{DKS} = a_3 + b_3 x_{DC} + c_3 c_{CV} + \varepsilon_3$
	$y_{BKS} = a_4 + b_4 x_{DC} + c_4 c_{CV} + \varepsilon_4$
集群网络中介中心性与集群知识共享之间关系	$y_{DKS} = a_5 + b_5 x_{BC} + c_5 c_{CV} + \varepsilon_5$
	$y_{BKS} = a_6 + b_6 x_{BC} + c_6 c_{CV} + \varepsilon_6$

续表

理论模型	计量模型
知识共享意愿在集群网络密度与知识共享之间的调节效应	$y_{DKS} = a_7 + b_7 x_D + b_7' m_{KSW} + b_8'' x_D \times m_{KSW} + c_7 c_{CV} + \varepsilon_7$ $y_{BKS} = a_8 + b_8 x_D + b_8' m_{KSW} + b_7'' x_D \times m_{KSW} + c_8 c_{CV} + \varepsilon_8$
知识共享意愿在集群网络程度中心性与知识共享之间的调节效应	$y_{DKS} = a_9 + b_9 x_{DC} + b_9' m_{KSW} + b_9'' x_{DC} \times m_{KSW} + c_9 c_{CV} + \varepsilon_9$ $y_{BKS} = a_{10} + b_{10} x_{BC} + b_{10}' m_{KSW} + b_{10}'' x_{DC} \times m_{KSW} + c_{10} c_{CV} + \varepsilon_{10}$
知识共享意愿在集群网络中介中心性与知识共享之间的调节效应	$y_{DKS} = a_{11} + b_{11} x_{BC} + b_{11}' m_{KSW} + b_{11}'' x_{BC} \times m_{KSW} + c_{11} c_{CV} + \varepsilon_{11}$ $y_{BKS} = a_{12} + b_{12} x_{BC} + b_{12}' m_{KSW} + b_{12}'' x_{BC} \times m_{KSW} + c_{12} c_{CV} + \varepsilon_{12}$
知识共享意愿和共享能力互动在集群网络密度与知识共享之间的调节效应	$y_{DKS} = a_{13} + (b_{13} x_D + b_{13}' m_{KSW} + b_{13}'' m_{KSA}) + (d_{13} x_D \times m_{KSW} + d_{13}' x_D \times m_{KSA} + d_{13}'' m_{KSW} \times m_{KSA}) + e_{13} x_D \times m_{KSW} \times m_{KSA} + c_{13} c_{CV} + \varepsilon_{13}$ $y_{BKS} = a_{14} + (b_{14} x_D + b_{14}' m_{KSW} + b_{14}'' m_{KSA}) + (d_{14} x_D \times m_{KSW} + d_{14}' x_D \times m_{KSA} + d_{14}'' m_{KSW} \times m_{KSA}) + e_{14} x_D \times m_{KSW} \times m_{KSA} + c_{14} c_{CV} + \varepsilon_{14}$
知识共享意愿和共享能力互动在集群网络程度中心性与知识共享之间的调节效应	$y_{DKS} = a_{15} + (b_{15} x_{DC} + b_{15}' m_{KSW} + b_{15}'' m_{KSA}) + (d_{15} x_{DC} \times m_{KSW} + d_{15}' x_{DC} \times m_{KSA} + d_{15}'' m_{KSW} \times m_{KSA}) + e_{15} x_{DC} \times m_{KSW} \times m_{KSA} + c_{15} c_{CV} + \varepsilon_{15}$ $y_{BKS} = a_{16} + (b_{16} x_{DC} + b_{16}' m_{KSW} + b_{14}'' m_{KSA}) + (d_{16} x_{DC} \times m_{KSW} + d_{16}' x_{DC} \times m_{KSA} + d_{16}'' m_{KSW} \times m_{KSA}) + e_{14} x_{DC} \times m_{KSW} \times m_{KSA} + c_{16} c_{CV} + \varepsilon_{16}$
知识共享意愿和共享能力互动在集群网络中介中心性与知识共享之间的调节效应	$y_{DKS} = a_{17} + (b_{17} x_{BC} + b_{17}' m_{KSW} + b_{15}'' m_{KSA}) + (d_{17} x_{BC} \times m_{KSW} + d_{17}' x_{BC} \times m_{KSA} + d_{17}'' m_{KSW} \times m_{KSA}) + e_{17} x_{BC} \times m_{KSW} \times m_{KSA} + c_{17} c_{CV} + \varepsilon_{17}$ $y_{BKS} = a_{18} + (b_{18} x_{BC} + b_{18}' m_{KSW} + b_{18}'' m_{KSA}) + (d_{18} x_{BC} \times m_{KSW} + d_{18}' x_{BC} \times m_{KSA} + d_{18}'' m_{KSW} \times m_{KSA}) + e_{18} x_{BC} \times m_{KSW} \times m_{KSA} + c_{18} c_{CV} + \varepsilon_{18}$
知识共享与集群整体财务绩效之间关系	$p_{FP} = a_{19} + b_{19} y_{DKS} + b_{19}' y_{BKS} + c_{19} c_{CV} + \varepsilon_{19}$
知识共享与集群创新绩效之间关系	$p_{IP} = a_{20} + b_{20} y_{DKS} + b_{20}' y_{BKS} + c_{20} c_{CV} + \varepsilon_{20}$

在此基础上，对每一个关键变量进行操作化，形成相应的测量量表，便于问卷调查，获取相应的数据。包括控制变量在内，一共需要测量的变量有 12 个变量需要测量，其中部分变量采用主观量表测量，部分是直接测量。

第 5 章

数 据 收 集

5.1 样本选择与数据收集

5.1.1 样本选择

通过对不同产业集群网络特征的考察，来判断集群网络内的知识共享效果，就需要以产业集群作为研究对象。本研究以集群为研究样本进行问卷调查和数据收集，通过实证研究集群网络特征与集群知识共享之间的关系，这是对已有个体或企业层面网络研究到集群层次的拓展。研究中面临的最大挑战是数据收集，这也是很多研究止步于个体或企业层次的网络研究的原因。由于笔者长期跟踪调研并阶段性参与江苏产业集群发展相关工作，对江苏省产业集群的分布、组成、结构等具有较为全面的了解，且在开展该项研究工作时具有相对便利的调研条件，能够相对方便地进行问卷调查和数据收集，对进行集群层次的研究具有一定的优势。

本书主要研究集群网络特征对集群知识共享行为的影响，而知识共享行为在技术密集型产业集群中尤为重要。为了更好地检验本书的研究假设，选择科技型产业集群作为研究对象较为合适。本书借用张燕和李海洋（Zhang & Li，2010）科技型企业的标准来判断一个产业集群是否是科技型集群，主要通过三个具体指标来判断，一是集群中有工程师或科学家；二是核心企业内有超过30%的员工是技术员工；三是集群超过3%的销售收入用于研发活动（Zhang & Li，2010）。为了检验本书的研究假设，需要一个边界较为清晰的企业总体，因为本书企业家社会资本的测量采用社会网络方法，以江苏省科技型产业集群作为研究样本。

江苏产业集群发展在全国来说，起步较早。20世纪80年代，苏南兴起了乡镇经济，逐渐形成了以集体经济为主体，农民就业"离土不离乡"的"苏南模式"（洪银兴，2001），并逐渐形成了"一村一品"，"一乡一品"，"一县一品"的地理区位为特征的产业集群雏形。以无锡为例，1985年，无锡市乡镇工业结构形成4大支柱产业，机械产业占43.6%，纺织产业占20.29%，化工产业占11.65%，建材产业占9.74%（刘诗白，1985）。当时乡镇企业往往以乡、村、队等的区划边界形成类似产品的集聚，无锡"一下子便上了几十家汽车装配厂"（刘诗白，1985）。这种情况在苏州、常州也同样存在。经过10多年的发展，进入20世纪90年代，苏南地区出现了吴江的电子产业集群、盛泽的丝绸产业集群、丹阳的眼镜产业集群等众多产业集群（金燕虹，2005）。苏南产业集群的形成，主要源于地理位置的毗邻，进行了区域要素整合，亲缘关系、资本纽带等形成了集群之间社会关系（李军林，1998；张一力，2006）。同期，浙江的"温州模式"也带动的当地经济的快速发展，"苏南模式"和"温州模式"引起了政府和学术界的共同关注，两者尽管在发展模式和路径上存在很大区别，但殊途同归，均形成了产业集群的组织形式，90年代以后，产业集群作为县域经济发展的主要形式在全国多个省份推广。江苏苏中、苏北也开始成规模地推动产业集群的发展。

2003年，江苏省发展计划委员会发布了《关于培育产业集群促进区域经济发展的意见》（苏计产业发［2003］1096号），提出"围绕特色产业，促进产业集聚，加快培育板块经济。争取每个县（市、区）培育1~3个产业集群，全省重点培育100个产业集群"，"经济欠发达地区以发展'一地一品'特色产业为突破口，着力培育产业集群"。以产业集群形式发展区域经济在全省得以进一步推广。

2007年，国家发展和改革委员会印发了《关于促进产业集群发展的若干意见》（发改企业［2007］2897号），认为"产业集群已经成为我国区域经济发展的重要产业组织形式和载体"，"东部沿海省市产业集群已占到本区域工业增加值的50%以上"，"产业集群在强化专业化分工、发挥协作配套效应、降低创新成本、优化生产要素配置等方面作用显著，是工业化发展到一定阶段的必然趋势"。

2010年，江苏省发展和改革委员会出台了《江苏省省级特色产业基地建设工作指导意见》（苏发改工业发［2010］1176号），要求"以新兴产业和优势产业为重点，以专业园区、科技园区、开发区为依托"，"加快催生形成一批产业配套能力强、市场影响力大、创新活力强的特色产业基地"。在此，特色产业基地的名称代替了学术界通用的产业集群概念。到2013年底，共认定了100家产业集群（特色产业基地）。这100家产业集群具有以下几个特点：一是具有一定规模，年销售收入不低于50亿元；二是在地理空间上具有集中性，主要集中在开发区内或一两个相邻建制镇或街道；三是产业集群内部企业具有关联性，集群主导产品占全部销售收入比重不低于70%。

这100家产业集群，苏南地区共有47家，苏中23家，苏北31家，共有企业18425家，销售收入22817亿元。其中，10年以上的有68家，3～10年的有21家，3年以下的有11家①。按照产业类别分：劳动密集型集群7家，技术密集型集群52家，资本密集型集群有41家②。

5.1.2　数据收集

5.1.2.1　二手数据收集

本书基于整体社会网络视角，研究集群网络特征对集群知识共享效果的

---

① 数据根据江苏省发展和改革委员会百家特色产业基地统计资料整理。
② 本章按照行业对集群进行分类。一般认为，纺织业、服务业、食品工业、日用百货等轻工产业属于劳动密集型。资本密集型（capital intensive）产业主要指钢铁业、一般电子与通信设备制造业、运输设备制造业、石油化工、重型机械工业、电力工业等。技术密集型产业主要是指电子计算机工业，飞机和宇宙航天工业，原子能工业，大规模和超大规模集成电路工业，精密机床、数控机床、高级医疗器械、电子乐器、防止污染设施制造等产业。

影响，需要掌握集群层次的相关信息。江苏省产业集群管理扎口分别在江苏省发改委和江苏省经信委，前者对全省 100 家规模较大、空间较为集中、产业具有较高影响力，主导产品占比较高的产业集群冠以"特色产业基地"之名，后者强调产业集群的产业集聚度、产业成长性、产业创新能力、公共服务、发展环境和带动力。通过对江苏省发改委和江苏省经信委现有的资料进行整理，获取产业集群的数目、集群名称、集群类型、集群规模、集群成立时间、集群分布、集群产值等信息。尽管两家单位提供的产业集群名录有一定程度的重复性，但由于具体标准的差异，也具有较好的互补性。由于江苏省现有产业集群较多，为本书的实证研究提供了可选择的样本空间，并进一步选择了 100 家归属于科技型的集群，作为调研的对象。

5.1.2.2 一手数据收集

虽然二手数据为研究提供了较为翔实的信息，但是只有这些信息还远远不够，一手数据在管理研究中占据着重要的位置。本书在对二手数据分析的基础上，有针对性地进行一手数据收集。问卷调查是获取一手数据较为普遍和有效的方式，本研究一手数据的收集采取问卷调查方法。本书问卷调查涉及两种类型的数据，其一是客观数据，如集群类型、集群规模、集群成立时间、集群分布、集群产值、集群研发费用等信息，用以与二手数据进行相互验证，提高数据的可靠性。这些方面的数据是通过直接的访谈、问卷等方式获得。其二是主观数据，本研究在第 4 章对理论框架中的构念操作化后的变量中，有些很难通过客观数据来测量，需要通过李克特量表的方式来获取。

小样本现场问卷调查，进行预测试（pretest）。对于集群层次的大样本研究，涉及面广、难度大、协调难、时间长和费用高，需要在进行全面调研前考虑各种可能导致调研失败的因素和行为，争取一次性完成调研工作。因此，在进行大样本问卷调查之前，需要对构念指标进行修改、完善；需要对量表的信度、效度进行初步检验。在满足这些条件的情况下，将问卷定型。同时，确定适合的填写问卷对象，确保信息提供者对本研究所要调查的问题是了解和熟悉的。因此一开始不宜采用大规模的问卷调查，需要对样本进行小范围预调查，即预测试过程。在大规模调查之前，结合实际工作需要，通过协调，于 2013 年 11 月中旬，一行五人选择了三个产业集群进行实地调研。如下是本次实地调研获得的相关集群的一些信息。

（1）南京江宁汽车及零部件产业集群（资本密集型，大于 10 年）。

该集群位于江宁开发区，现有上海大众南京分公司、长安福特马自达南京公司、南京依维柯、晨光森田专用汽车、金龙客车等 6 家整车生产企业以及长安福特马自达发动机、塔塔、法雷奥、开阳汽车塑料件等一批汽车零部件配套生产企业，产品涵盖汽车组装、改装、汽车发动机设计制造、汽车底盘、车身、汽车电子电气设备、汽车材料等。2012 年江宁汽车产业集群有70 家企业，龙头企业 2 家，实现销售收入 305 亿元。研发机构 2 家，研发投入 10 亿元。

（2）南京智能电网产业集群（技术密集型 5～10 年）。

该集群位于江宁经济技术开发区内。集群内有国网电科院、南瑞继保、国电南自、西门子电力自动化等60 多家智能电网相关企业（其中高新技术企业25 家），产品产能、市场占有、技术水平保持全国同行业领先位置。2012 年，该基地实现销售收入 162.6 亿元，同比增长 36%。研发机构 19家，研发投入 10 亿元，集群拥有一大批专业技术人员，其中具有高级职称的技术人员近500 名，本科以上科技人员占企业总人数 70% 以上，拥有发明专利 200 多件，建有国家级工程技术研究中心 1 家，省级以上企业技术中心 5 家，博士后工作站 7 家，培育了中国名牌 2 项（NR 牌电力自动化监控设备、国电南自牌电力自动化监控设备），江苏省名牌或著名商标 8 项。8家企业参与制定了 52 项国家标准、行业标准的起草，获得江苏省重大科技成果转化项目 6 个。

（3）无锡物联网产业集群（技术密集型，小于 5 年）。

无锡物联网产业集群主要位于无锡太湖科学园，集群内有龙头企业 1 家（感知物联网（无锡）有限公司），产业化领军企业 8 家，培育注册资本超5000 万元的规模以上企业 15 家。实施 16 项国家科技计划项目，国家"02""03"专项 6 个，国家"973 计划"2 个。集聚各类高端研发团队 20 多个，牢牢把握了参与国际国内标准制定的话语权。将快速形成产业化规模和赢利模式，培育一批具有自主知识产权和自有品牌的企业。

通过与集群管理方座谈、集群内部企业访谈，就问卷题项的可读性、清晰性、简洁性等方面进行了交流，对问卷题项描述进行了微调，将过于专业的术语进行了通俗化处理，对引起歧义和模棱两可的描述进行了修改。接着，就问卷的填写也进行了讨论，明确对问卷涉及内容最熟悉的人员，并由他们来完成问卷。在此基础上，将问卷分为 A、B 卷，A 卷主要包括集群网络相关内容，又集群内部企业主要负责人填写，B 卷主要涉及整个产业集群的整体情况，由产业集群管理方负责人填写，问卷具体内容详见附件。

大样本问卷调查。为了确保大样本问卷调查的数据质量和回收率，通过江苏省发改委和省经信委相关部门联系，采用电子邮件方式的发放和回收问卷，共回收问卷 96 份，其中有效问卷 91 份，具体信息如表 5 - 1 所示。

表 5 - 1　　　　　　　　　江苏省产业集群基本情况

集群分布		集群规模		集群年龄		所属产业	
苏南	43	< 30 家	23	< 3 年	5	制造业	73
苏中	21	30 ~ 100 家	44	3 ~ 10 年	22	医药、生物	3
苏北	27	> 100 家	24	> 10 年	64	电子、通信	8
						其他	7

注：数据来源于本书调查问卷的整理。

5.2　数据质量分析

实证研究的可信度和效度取决于以下一些因素。一是构建的理论框架的理论基础的正确性。只有依据的理论基础正确，在此基础上推导的研究框架才能具有逻辑性和科学性。二是理论框架的可检验性。一个科学的理论框架必须是可证伪的，既要符合一定的逻辑，又要能够进行验证。三是量表开发和问卷设计的科学性。理论框架和假设是由构念间的关系构成，每个构念都必须能够被测量。只有量表在信度和效度方面都符合要求，在此基础上获得的数据才可能是有效的。四是收集的数据质量。虽然前面三个方面是科学研究所必需的，但是符合了上述三个方面后获得的数据未必就一定是有质量的，在实际调研过程中还涉及影响数据质量的方方面面。因此还需要对数据的质量进行分析。五是选择正确的分析方法。在确保了数据质量的基础上，选择合适的分析方法是实证研究科学性的关键。就本研究而言，是基于社会网络理论、组织学习理论和产业集群理论等综合基础上，严格推导的基础上，构建了本书的理论框架。

接下来需要对框架中的构念进行量表选择或开发，这就需要对量表进行信度和效度检验，即量表质量分析。同时还要对收集上来的数据进行分析，包括数据分布分析、同源方差分析和多重共线性分析，以检验数据质量。

5.2.1　量表质量分析

5.2.1.1　量表信度分析

在多指标量表信度质量评价方面，常用内部一致性（internal consistency）系数指标，也就是评价量表指标之间的同质性程度。在统计方法上，对多指标构念信度检验，主要采用 Cronbach α 系数，因为针对里克特量表的信度检验，Cronbach α 系数是最适合的。其公式为：

$$a = \frac{k}{k-1}\left[1 - \frac{\sum \sigma_i^2}{\sum \sigma_i^2 + 2(\sum \sigma_{ij})}\right]$$

其中，$\sum \sigma_i^2$ 代表变量指标或指标 i 的变异量，$\sum \sigma_{ij}$ 代表变量指标 i 与 j 间的共同变异量，k 表示变量所有指标数。当这些指标完全不相关时，它们之间的共同变异量为零，变量的信度为零；这些指标间相关性越高，变量的信度就越高。在实际应用中，一般要求 Cronbach α 系数值大于 0.7（Hinkin，1998；Zhang & Li，2010）。

本书理论构念主要采用里克特量表，信度效果通过 Cronbach α 系数表示，包括集群网络程度中心性、中介中心性、深度知识共享、广度知识共享、知识共享意愿、知识共享能力等的信度系数分别为 0.86、0.85、0.76、0.77、0.79、0.78 等。所有构念 Cronbach α 系数均大于 0.7，说明构念信度较好。构念的信度、负载及 T 值如表 5 - 2 所示。

表 5 - 2 构念信度和测量模型负载

构念及其指标	标准化负载	T 值
程度中心性 α = 0.86		
1. 在企业面临困难时，贵公司会首先向哪些企业求助	0.82	13.11
2. 哪些企业家和您聊天时，会谈到他们公司的内部事务	0.71	18.23
3. 请选出贵公司觉得最熟的三位以上关系网络企业	0.75	11.26
中介中心性 α = 0.85		
1. 当企业经营遇到"瓶颈"时，贵公司会向哪些企业求助	0.72	11.19
2. 贵公司喜欢与哪些企业讨论企业经营工作	0.69	10.21
3. 当企业经营遇到"瓶颈"时，哪些企业会主动来帮助贵公司	0.75	11.91
深度知识共享		
1. 贵公司重视搜寻企业当前所在产品和市场的信息	0.78	12.20
2. 贵公司在集群内经常与同业交流改善产品和市场的信息	0.66	9.66
3. 贵公司积累当前有效解决市场/产品问题的方法	0.73	11.23
广度知识共享 α = 0.77		
1. 贵公司在集群内经常与其他企业或机构交流新市场、技术信息	0.76	12.11
2. 贵公司在集群内经常与其他企业或机构讨论其他行业最新技术发展动向	0.82	13.02
3. 贵公司关注使企业脱离当前产品市场的新信息	0.75	11.93
知识共享意愿 α = 0.79		
1. 贵公司愿意经常与其他企业分享信息资料	0.74	11.71
2. 贵公司愿意经常为其他企业提供技术和方法指导	0.76	12.11
3. 贵公司经常与其他企业分享技术经验与窍门	0.70	9.71
4. 在其他企业的请求下，贵公司总是愿意提供本公司所知道的信息	0.76	12.81
5. 贵公司愿意尝试和其他企业分享技术研究中获得的专业知识	0.71	10.86
6. 贵公司与其他企业分享从非正式渠道获取的知识	0.80	13.23
7. 贵公司愿意与其他企业分享从各种渠道获取的有价值的信息	0.77	12.56
知识共享能力 α = 0.78		
1. 贵公司密切跟踪新产品/新服务的市场需求变化	0.70	9.62
2. 贵公司能快速识别外部新知识对企业是否有用	0.74	11.63
3. 贵公司能够主动学习并积累未来可能用到的新知识	0.70	9.71
4. 贵公司定期与顾客或第三方机构组织获得来获取新知识	0.73	9.71
5. 贵公司经常推敲如何更有效地应用知识	0.76	11.07
6. 贵公司能够快速分析和理解变化的市场需求	0.79	13.34
7. 贵公司比较擅长把外部新技术吸纳到公司内部	0.70	9.79
8. 贵公司能快速理解外部技术/服务机遇	0.81	13.78
9. 贵公司对于市场变化反应比较敏锐	0.83	14.23

5.2.1.2 量表效度分析

本书所有构念量表具有较好的一致性信度，量表的质量还取决于另一个维度，即量表的效度。量表效度反映了通过构念维度所测量的数据是否是该构念想要测量的数据的程度，即量表测量的数据与理论上想要测量的数据的拟合程度。效度越高，说明测量的量越是反映了所要测量的构念。一般来说国际顶级期刊上常用的量表一般具有较高的信度和效度，它们是经过严格开发，被证明具有较高效度的量表。同时，这些量表往往已经被不同的研究人员在不同的研究环境和不同的被调查群体中使用过。反复的应用确保了这些量表能贴切地测量他们所代表的概念和变量，即具有较高的内容效度。本书所用的构念测量都是已有文献中常用的、成熟的量表，这初步确保了测量表面效度，如表5-3所示。由于本书采用英文文献中的量表，需要解决两个方面的问题，才能确定在本书中的效度问题。其一是在一种经济和文化环境中具有较高效度的量表，未必在其他环境下效度也良好。在我国经济和市场环境下，必须对其他环境下的量表效度进行重新检验。其二是由于所采用的量表都是以英文的形式出现，由于中西方文化的差异，理解这些量表上可能也存在着分歧和差异，为了克服这样的差异带来的偏差，本书在对量表翻译时采取了"回译"的方法。具体做法为：首先请两个具有相似研究领域的博士生将英文量表翻译成中文，对翻译不一致的地方进行讨论，形成一致意见后完成翻译。然后，再请两位英文基础较好的博士分别将中文版的量表再次"回译"，并对"回译"中不一致的内容进行修正。再次，两组翻译人员共同研究在双重翻译中产生的误差，反复斟酌后确定中文量表。最后在实际访谈中，请参加访谈和调研的集群管理方和集群内企业领导再次对量表内容给出建议，最终形成了具有良好表面效度的量表。具有较好表面效度的量表还需要进行其他效度的检验，其中在跨环境研究中，最为重要的两个效度指标为聚合效度和区分效度。构念聚合效度反映了题项对构念的契合程度；而区分效度反映了不同构念之间的区分程度。

表 5-3   本研究构念及变量量表来源

构念	作者	论文标题	期刊
中介中心性	Krackhardt & Porter	When friends leave: A structural analysis of the relationship between turnover and stayer's attitudes	Administrative Science Quarterly（1985）
程度中心性	Krackhardt & Porter	When friends leave: A structural analysis of the relationship between turnover and stayer's attitudes	Administrative Science Quarterly（1985）
深度知识共享	Atuahene-Gima	The effects of centrifugal and centripetal forces on product development speed and quality: How does problem solving matter	Academy of Management Journal（2003）
广度知识共享	Atuahene-Gima	The effects of centrifugal and centripetal forces on product development speed and quality: How does problem solving matter	Academy of Management Journal（2003）
知识共享意愿	Bock, Zmud, Kim & Lee	Behavioral intention formation in knowledge sharing: examining the role of extrinsic motivators, social-psychological forces and organizational climate	MIS Quarterly（2005）
知识共享能力	Jansen, Van den Bosch & Volberda	Managing potential and realized absorptive capacity: How do organizational antecedents matters	Academy of Management Journal（2005）
整体财务绩效	蒋春燕和赵曙明	社会资本和公司企业家精神与绩效的关系：组织学习的中介作用	管理世界（2006）
新产品绩效	蒋春燕和赵曙明	社会资本和公司企业家精神与绩效的关系：组织学习的中介作用	管理世界（2006）

首先，检验构念的聚合效度。本书通过构建因子测量模型，利用 CFA 来判断测量模型的拟合优度，从而判断聚合效度高低。利用结构方程模型软件 Lisrel 7.0，对数据进行分析，所得的测量模型的拟合优度如表 5-4 所示。

表 5-4   测量模型的拟合优度

拟合优度指标	结果
Degrees of Freedom（Df）	373
Normal Theory Weighted Least Squares Chi-Square	507.68（P=0.00）
Root Mean Square Error of Approximation（RMSEA）	0.049
Comparative Fit Index（CFI）	0.97
Incremental Fit Index（IFI）	0.96
Goodness of Fit Index（GFI）	0.95

其中 $\chi^2 = 567.35$（P = 0.00）、$\chi^2/df = 1.45$、Good-of-fit index（GFI）= 0.94、Comparative fit index（CFI）= 0.96、Incremental fit index（IFI）= 0.98、Root mean square error of approximation（RMSEA）= 0.069 等。这些指标表明，测量模型对数据的拟合优度较好。根据测量模型的因子（构念）与题项的路径系数的大小和显著性，进一步判断每个题项与构念之间的契合程度。如表 5 - 2 所示，所有路径系数都大于 0.7，对应的 t 值都在 9.49 以上，统计上都是显著（Anderson & Gerbing, 1988）。这些拟合优度指标值表明，本研究中的构念具有良好的聚合效度。

其次，检验构念的区分效度。本书采用利用结构方程建模来检验构念的区分效度（Mathieu & Farr, 1991; Zhang & Li, 2010）。该检验方法采用两步骤：第一步是合并所有构念题项，构造不同维度的潜变量测量模型。本书共涉及六个构念，需要构建的测量模型有单维度模型、两维度模型、三维度模型、四维度模型、五维度模型和六维度模型。第二步是对这些测量模型分别进行数据拟合情况分析。根据 Lisrel 7.0 运行的结果，对所有模型的拟合情况进行比较，选择出拟合优度最佳的测量模型。通过对所有测量模型进行比较，六因素测量模型拟合优度最佳，从而说明本书构念具有良好的区分效度。

5.2.2　数据质量分析

具有良好信度和效度的量表为数据收集提供了合适的测量工具，但是由于数据收集过程本身充满了不确定性，用好的测量工具未必就能获得高质量的数据。因此接下来还需要对本书收集到的数据质量进行分析。另外，本书通过省级发改部门和经信部门及地方集群管理部门的推动完成了问卷调查，确保了较高的回收率，达91%，不存在回应偏差问题。因此需要对数据质量进行分析的指标包括：同源方差严重程度和多重共线性情况。

同源方差问题在实证研究中是一个不可忽视的问题，需要在整个研究过程中进行控制（Podsakoff et al., 2003）。本书尽量在研究设计和统计方法上都采取措施来减小同源方差带来的影响。具体措施包括：在量表开发中尽量采用成熟的量表、通过对量表的"回译"以降低歧义、问卷采用匿名回答、颠倒回答预测源与题项顺序和改善量表的题项等降低问卷设计程序上可以出现的偏差；在问卷设计上，将问卷分为 A、B 卷，让不同人员分别完成 A 卷和 B 卷，从而使数据来源不同，以降低同源方差；在问卷完成中，让完成问卷的人员知道回答问卷没有对错之分，从而降低了因为主观因素对数据质量的影响。

虽然在问卷设计和调查过程中有意识地对同源方差问题进行了控制，但是结果如何还需要对数据进行检验。本书采用 Harman 的单因素检验方法，其原理是：如果其中一个公共因子占据了所有题项的较大的方差比例，则说明存在着严重的同源方差问题，说明数据质量较差。在本书的分析中，利用 SPSS18.0 对所有构念的指标做探索性因子分析（EFA）。首先根据分析报告，判断所有指标是否适合做 EFA，运行结果如表 5 − 5 所示。本书采用 KMO 和 Bartlett 球形检验来检验所有指标是否适合做因子分析。KMO 值越大时，表示共同因子越多，越适合进行因子分析；Bartlett 球形检验，若显著，表示题项的相关矩阵有共同因子存在，适合做因子分析。如表所示，KMO = 0.955 以及 Bartlett 球形检验显著，因此本书题项适合进行因子分析。

表 5 − 5   **KMO and Bartlett's Test**

Kaiser-Meyer-Olkin Measure of Sampling Adequacy.		0.955
Bartlett's Test of Sphericity	Approx. Chi-Square	3.466E03
	Df	407
	Sig.	0.000

根据 Harman 单因素检验，本书分析析出了 6 个大于 1 的特征根，解释了总变异量的 75.6%，其中第一个因子的特征值为 17.2，解释了 26.5% 总方差。这表明没有一个因子解释了绝大部分的变异量，数据的共同方法偏差问题不是很严重。

5.2.3 多重共线性分析

多重共线性（multicollinearity）是回归分析中常常遇到的数据分析过程

存在的问题。由于控制变量的存在，使得本书自变量和控制变量组合容易产生多重共线性问题。如果存在着严重的多重共线性，说明数据之间有高度的相关性，根据此数据分析的结果将出现偏差，严重影响实证研究的有效性。因此，需要对数据进行多重共线性检验。

本书采用方差膨胀因子（VIF）来检验数据是否存在严重的共线性问题。VIF 小于 10，说明不存在严重的多重共线性问题。本书各构念的方差膨胀因子（VIF）如表 5 - 6 所示。从表中可以看出，VIF 最小为 2.231，最大为 3.823，都小于阈值 10，因此，本书变量之间没有严重的多重共线性问题。

表 5 - 6　　　　　　　　方差膨胀因子（VIF）值

Collinearity Statistics	DC	BC	BKS	DKS	KSW	KSA
VIF	3.423	3.564	2.231	2.486	4.387	3.823

5.3　本章小结

本书主要研究集群网络特征——集群网络密度、程度中心性、中介中心性对集群知识共享效果的影响，以及这种影响存在的条件研究，研究层次为集群；又因为集群网络特征的测量采用整体网络方法（相对于自我中心网络方法），需要一个边界清晰的网络边界。同时，随着我国改革开放的深入，各地因地制宜，培养和建立了各种层次和类型的产业集群，这些产业集群都有一个相对稳定的边界，为本书研究提供了较为有利的条件。江苏省在产业集群的培育和发展方面走在了全国前列，在省级层面列入统计考核的就有各类产业集群 200 家左右，其中科技型集群就有 100 多家，这些集群分布在江苏省的各个地区，并取得了良好的经济和社会效益。因此，选择江苏省的产业集群作为本书调研和数据收集的地区具有一定的代表性。

笔者利用自身工作优势（熟悉这个领域，并有相应的调研通道），顺利完成了预测试所需要的数据，为了检验量表的质量，对构念的信度和效度进行了检验，构念具有良好的信度和效度。接着进行大样本问卷调查，获取有效问卷91份，为本书的实证研究部分提供了数据支持。

在对数据进行简单的整理后，对本研究进行数据质量分析，包括同源方差检验和多重共线性检验。通过检验，没有发现有严重的同源方差问题和多重共线性问题，数据质量较好，可能进行假设检验。

第 6 章

数据分析及分析结果

6.1 描述性统计与相关分析

通过对收集回来的 100 份数据进行初步整理，将选项勾选答案相同的问卷、超过 20% 题项没填写问卷，以及 A、B 卷不能一一对应的问卷去除，得到有效问卷 91 份，对于集群层次的研究来说，91 个有效样本数据完全满足本书实证研究的需要。然后，对这 91 份问卷题项得分按照构念顺序录入 Excel 中，然后对数据录入的精确性进行检查，没有发现数据录入错误。最后将各个题项得分按照所属构念取平均值，用这个平均值代表样本在这个构念上的得分，这样形成了有效的数据库。

首先，进行了描述性统计分析。通过描述性分析，对数据质量初步检验，包括平均值和标准差。平均值反映了数据的集中性程度，而标准反映了数据的离散程度。通过对本书数据的描述性分析发现，各个变量的均值相对居中、数据具有一定的离散型，数据符合正态分布特征。在其后的正态性检验中，近似满足正态性特征，能够用于检验本书假设。在描述性统计中还进行了 Pearson 相关性分析。表 6 – 1 是描述性统计和相关分析表，从 Pearson 相关系数的结果看，本书的主要变量之间存在显著的相关性，例如，产业集群程度中心性与广度知识共享以及深度知识共享具有显著的相关性，这些结果初步预测了变量之间的关系，便于随后的分析。进一步通过对数据进行正态性检验，在企业规模和集群年龄取对数处理后，所有变量都近似符合正态分布，符合接下来的统计分析。

表6-1 描述性统计和 Pearson 相关矩阵（$n=91$）

	Mean	ST.D	1	2	3	4	5	6	7	8	9	10	11
整体财务绩效	2.85	0.19											
创新绩效	3.19	0.11	0.37*										
知识共享深度	2.97	0.16	0.23	0.56**									
知识共享广度	3.05	0.12	0.50**	0.32*	0.08								
知识共享意愿	3.16	0.14	0.22	0.46**	0.62**	-0.16							
知识共享能力	3.43	0.13	0.32*	0.28	-0.11	0.52**	0.12						
集群网络密度	0.54	0.16	0.25	0.35*	0.38*	0.22	0.32*	0.18					
程度中心性	0.38	0.17	0.36*	0.38*	-0.18	0.31*	0.28	0.26	-0.37*				
中介中心性	0.46	0.11	-0.26	-0.16	0.44**	0.24	0.14	0.17	0.33*	0.22			
集群网络规模	3.06	0.17	-0.15	0.41**	-0.24	0.48**	0.18	0.28	0.36*	0.24	0.25		
集群成立时间	1.32	0.15	0.37*	0.34*	0.22	0.25	0.26	0.23	0.14	0.17	0.24	0.13	
集群研发投入	3.21	0.22	0.35*	0.33*	0.24	0.32*	0.23	0.18	0.13	0.15	0.15	0.23	0.27

1. *. Correlation is significant at the 0.05 level (2-tailed)
2. **. Correlation is significant at the 0.01 level (2-tailed)

6.2　假设的回归分析及结果

6.2.1　集群网络密度与集群知识共享之间关系的回归分析

在集群网络密度与集群知识共享之间关系上，根据第四章的计量经济模型：$y_{DKS} = a_1 + b_1 x_D + c_1 c_{CV} + \varepsilon_1$ 和 $y_{BKS} = a_2 + b_2 x_D + c_2 c_{CV} + \varepsilon_2$，其中前者因变量为深度知识共享，后者因变量为广度知识共享。本书分别带入回归方程进行检验。如果各自的回顾系数在 0.05 置信水平下显著，说明两者之间有明显相关性，再根据第 3 章的理论推断及假设，就验证了集群网络密度对知识共享效果有一定的影响，再根据各自回归系数的正负性进一步判断这种影响是积极的还是消极的。

本书在此采用简单线性回归分析对上述两个计量模型进行检验，数据运行结果如表 6 - 2 所示。因为本书的变量测量方式和量纲存在差异，为了消除这种差异，在回归分析时，采用回归系数的标准化形式（Standardized Co-efficients），经过这样处理，截距项的系数为 0（后面的分析都采取标准化）。模型 1 和 3 为只有控制变量的分析（分别对应相应的因变量），模型 2 和 4 为加入了自变量集群网络密度后回归分析结果。回归分析发现，集群网络密度与深度知识共享、广度知识共享之间关系的回归方程分别为：

$$y_{DKS} = 0.47 x_D + 0.28 t \tag{6.1}$$

$$y_{BKS} = -0.37 x_D + 0.31 c_{NC} \tag{6.2}$$

其中 t 和 c_{NC} 为分别为控制变量集群成立时间和集群网络规模。根据回归方程（6.1），控制变量集群成立时间与知识共享深度有显著的正向相关性（回归系数 $r = 0.28$，$T = 3.04$），按照本书的研究假设，集群成立时间对知识共享深度有积极的影响。不过我们也发现，集群网络规模与研发投入对知识共享深度没有显著的影响。根据广度知识共享的回归方程（6.2），控制变量集群网络规模对广度知识共享有积极的影响，网络规模越大，集群内知识越呈现多样化特征，集群内企业越能共享到多样化知识。另外两个控制变量对广度知识共享没有显著的影响。

表 6 - 2　知识共享深度和知识共享广度分别作为因变量的回归分析结果

	深度知识共享						广度知识共享					
	Model1			Model2			Model3			Model4		
	Beta	Std. E	T	Beta	Std. E	T	Beta	Std. E	T	Beta	Std. E	T
控制变量												
集群网络规模	0.13	0.08	1.50	0.12	0.11	1.40	0.33*	0.08	4.10	0.31*	0.09	3.31
集群成立时间	0.29*	0.08	3.31	0.28*	0.09	3.04	0.09	0.07	1.31	0.15	0.13	1.04
集群研发投入	0.19	0.11	1.61	0.18	0.12	1.57	0.12	0.11	1.01	0.11	0.09	1.17
自变量												
集群网络密度				0.47**	0.11	4.56				-0.38**	0.07	5.26
R Square	0.32*			0.54**			0.33*			0.44**		
Adjusted R Square	31*			0.51**			31*			0.41**		
R Square Change	0.32			0.22			0.33			0.11		
F Change	79.56			92.54			81.46			83.78		
Sig. F Change	0.000			0.000			0.000			0.000		

在集群网络密度与知识共享的影响中，根据回归方程（6.1）和表 6 - 2，集群网络密度与深度知识共享之间的回归系数为 0.47，在 0.05 置信水平下显著（$T = 4.56$），根据第 3 章中的理论推导和研究假设，集群网络密度对深度知识共享有显著的积极影响，假设 1a 成立。同样根据回归方程（2），集群网络密度与广度知识共享之间的回归系数为 - 0.38，在 0.05 置信水平下显著（$T = 5.26$），说明集群网络密度对广度知识共享有消极作用，即集群网络密度越高，越不利于广度知识共享，假设 1b 成立。

6.2.2 集群网络集中度与集群知识共享之间关系的回归分析

基于社会网络的视角来看，每个集群就是一个独特的网络，网络的集中度都存在着差异，这是一个集群区别与另一个集群的关键因素之一。根据本书的研究，衡量集群网络集中度的指标用网络程度中心性和网络中介中心性来表示。

本处检验涉及控制变量与两个自变量，因此采用多元线性层级回归分析对第四章的 4.1.2 的计量模型进行检验，即：集群网络程度中心性与集群知识共享之间关系计量模型（4.3）和（4.4），以及集群网络中介中心性与集群知识共享之间关系计量模型（4.5）和（4.6）：

$$y_{DKS} = a_3 + b_3 x_{DC} + c_3 c_{CV} + \varepsilon_3 \qquad (4.3)$$

$$y_{BKS} = a_4 + b_4 x_{DC} + c_4 c_{CV} + \varepsilon_4 \qquad (4.4)$$

$$y_{DKS} = a_5 + b_5 x_{BC} + c_5 c_{CV} + \varepsilon_5 \qquad (4.5)$$

$$y_{BKS} = a_6 + b_6 x_{BC} + c_6 c_{CV} + \varepsilon_6 \qquad (4.6)$$

为了便于进行便捷的检验，将这四个计量方程进行重新整合，形成两个计量模型。其中一个是以深度知识共享为因变量，网络程度中心性和网络中介中心性为自变量；另一个是以广度知识共享为因变量，网络程度中心性和网络中介中心性为自变量。数据运行结果如表 6 - 3 所示。控制变量对深度知识共享和广度知识共享有显著影响，但具体到每个控制变量的影响又存在着差异，本节第一部分已经做了说明，本处不再赘述。接下来重点分析自变量的影响效果。

表6-3 集群网络集中度与知识共享之间关系的回归分析

	深度知识共享						广度知识共享					
	Model1			Model2			Model3			Model4		
	Beta	Std. E	T	Beta	Std. E	T	Beta	Std. E	T	Beta	Std. E	T
控制变量												
集群网络规模	0.13	0.08	1.50	0.12	0.11	1.40	0.33*	0.08	4.10	0.31*	0.11	3.01
集群成立时间	0.29*	0.08	3.31	0.27*	0.08	3.56	0.09	0.07	1.31	0.15	0.13	1.04
集群研发投入	0.19	0.11	1.61	0.18	0.12	1.57	0.12	0.11	1.01	0.11	0.09	1.17
自变量												
网络程度中心性				0.44**	0.10	4.51				-0.31**	0.08	4.11
网络中介中心性				-0.26*	0.09	2.62				57**	0.07	8.23
R Square	0.32*			0.54**			0.33*			0.44**		
Adjusted R Square	31*			0.51**			31*			0.41**		
R Square Change	0.32			0.22			0.33			0.11		
F Change	79.56			92.54			81.46			83.78		
Sig. F Change	0.000			0.000			0.000			0.000		

在表 6-3 中，模型 1 和模型 3 表示控制变量对应变量深度知识共享和广度知识共享的影响效应；模型 2 和模型 4 是两个自变量对分别对两个应变量回归分析的结果。由模型 2 和模型 4，得出本书的回归方程为：

$$y_{DKS} = 0.44x_{DC} + 0.27t \tag{6.3}$$

$$y_{BKS} = -0.31x_{DC} + 0.31c_{NC} \tag{6.4}$$

$$y_{DKS} = -0.26x_{BC} + 0.27t \tag{6.5}$$

$$y_{BKS} = 0.57x_{BC} + 0.31c_{NC} \tag{6.6}$$

根据回归方程（6.3）和（6.4），以及表 6-3，网络程度中心性与深度知识共享之间的回归系数为 0.44，在 0.05 置信水平下统计显著（$T = 4.51$），再根据前面的理论推导，集群网络程度中心性对集群中的深度知识共享有积极的影响，程度中心性越高，越有利于深度知识共享，假设 2a 通过检验，假设成立。另外，网络程度中心性与广度知识共享的关系上，两者之间同样存在着显著性（$r = 0.31$，$T = 4.11$），但是因为回归系数为负值，说明网络程度中心性对广度知识共享有着消极的影响，即网络程度中心性越高，越是阻碍广度知识共享，假设 2b 通过检验，假设成立。

在集群网络中介中心性与知识共享效果的关系上，根据回归方程（6.5）和（6.6），中介中心性与深度知识共享之间的回归系数为 -0.26，在 0.05 置信水平下统计显著（$T = 2.62$），两者之间存在着负相关关系，说明网络中介中心性阻碍集群深度知识共享，中介中心性越高，越不利于集群中深度知识的共享，假设 3a 通过检验，假设成立。而网络中介中心性与集群广度知识共享的相关系数为 0.57，回归系数在 0.01 置信水平下显著。由此，集群网络中介中心性对集群广度知识共享有促进作用，假设 3b 通过检验，假设成立。

6.2.3　知识共享意愿的调节影响回归分析

根据第三章的理论框架和研究假设，本书接下来检验集群成员知识共享意愿对集群网络特征与集群知识共享之间关系的调节影响。本书从三个方面来表征集群网络特征，即网络密度、网络程度中心性和网络中介中心性，因此需要分别检验知识共享意愿对六个关系的调节效应。首先检验集群知识共享意愿对集群网络密度与集群知识共享效果之间关系的调节效应的假设，然后再检验其他两种情形下的调研影响假设。

6.2.3.1 知识共享意愿对集群网络密度与集群知识共享之间关系的调节影响的回归分析

（1）知识共享意愿在集群网络密度与深度知识共享之间的调节效应分析。

根据第四章的计量模型：

$$y_{DKS} = a_7 + b_7 x_D + b_7' m_{KSW} + b_7'' x_D \times m_{KSW} + c_7 c_{CV} + \varepsilon_7 \qquad (4.7)$$

本书采用多元线性层级回归分析来检验调节影响。其中计量模型（4.7）是以深度知识共享为因变量，网络密度自变量，而乘积项"网络密度和知识共享意愿"的回归系数用于检验是否存在着调节影响的指标。数据分析结果如表6-4所示。

表6-4　　　　知识共享意愿在集群网络密度与深度知识
共享之间调节影响的回归分析

| | 深度知识共享 | | | | | | | | |
| | Model1 | | | Model2 | | | Model3 | | |
	Beta	Std. E	T	Beta	Std. E	T	Beta	Std. E	T
控制变量									
集群网络规模	0.13	0.08	1.50	0.12	0.11	1.40	0.03	0.05	0.90
集群成立时间	0.29 *	0.08	3.31	0.27 *	0.09	3.01	0.26 *	0.09	2.78
集群研发投入	0.19	0.11	1.61	0.18	0.12	1.57	0.14	0.08	1.40
自变量									
集群网络密度				0.42 **	0.11	4.56	0.40 **	0.11	4.24
知识共享意愿				21 *	0.08	2.33	20 *	0.08	2.13
调节项									
网络密度×共享意愿							0.37 **	0.12	3.34
R Square	0.32 *			0.55 **			0.63 **		
Adjusted R Square	31 *			0.53 **			0.61 **		
R Square Change	0.32			0.23			0.08		
F Change	79.56			98.78			87.76		
Sig. F Change	0.000			0.000			0.000		

此处的层级回归表 6 - 4 中，模型 1 是只有控制变量的回归分析结果，模型 2 为加入了自变量网络密度、调节变量知识共享意愿的回归分析结果，模型 3 是加入乘积项"网络密度和知识共享意愿"的回归分析结果，以检验调节效应。为了检验调节效应是否存在，主要分析乘积项回归系数是否在一定的置信水平下显著，如何显著，说明调节效应存在，假设得以检验；反之则不能支持调节效应的存在。根据表 6 - 4 的回归结果，得到计量模型（4.7）的回归方程：

$$y_{DKS} = 0.42x_D + 0.21m_{KSW} + 0.37x_D \times m_{KSW} + 0.26t \qquad (6.7)$$

根据回归方程和表 6 - 4，可以发现，乘积项"网络密度和知识共享意愿"与深度知识共享的回归系数为 0.42，在 0.01 置信水平下统计显著（$T = 3.34$）。同时，我们也看到，在加入乘积项后，R^2 值从 0.55 变化到 0.63，ΔR^2 为 0.08，在 0.000 置信水平下 F 检验显著。因此，乘积项"网络密度和深度知识共享意愿"对深度知识共享有积极的影响，进而说明知识共享意愿具有积极的调节作用，假设 4a 通过检验，假设成立。另外，研究也发现，除了网络密度对知识共享有促进作用外，知识共享意愿也对集群中的知识共享有一定的促进作用（$r = 0.21$，$T = 2.33$），这也说明在一个产业集群中，成员企业的共享意愿对于知识共享来说也是十分重要的。

（2）知识共享意愿在集群网络密度与广度知识共享之间的调节效应分析。

同样，根据第四章的计量模型：

$$y_{BKS} = a_8 + b_8 x_D + b'_8 m_{KSW} + b''_7 x_D \times m_{KSW} + c_8 c_{CV} + \varepsilon_8 \qquad (4.8)$$

计量模型（4.8）是以广度知识共享为因变量，网络密度自变量，而乘积项网络密度和广度知识共享意愿的回归系数用于检验是否存在着调节影响的指标。数据分析结果如表 6 - 5 所示。

此处的层级回归表 6 - 5 中，模型 1 是只有控制变量的回归分析结果，模型 2 为加入了自变量网络密度、调节变量知识共享意愿的回归分析结果，模型 3 是加入乘积项"网络密度×知识共享意愿"的回归分析结果，以检验调节效应。根据表 6 - 5 的回归结果，得到计量模型（4.8）的回归方程：

$$y_{BKS} = -0.34x_D + 0.19m_{KSW} - 0.14x_D \times m_{KSW} + 0.29c_{NC} \qquad (6.8)$$

表 6 – 5　　　　　知识共享意愿在集群网络密度与广度知识
共享之间调节影响的回归分析

	广度知识共享								
	Beta	Std. E	T	Beta	Std. E	T	Beta	Std. E	T
	Model1			Model2			Model3		
控制变量									
集群网络规模	0.33**	0.08	4.10	0.31**	0.09	3.31	0.29*	0.08	3.41
集群成立时间	0.09	0.07	1.31	0.11	0.13	0.94	0.12	0.11	1.08
集群研发投入	0.12	0.11	1.01	0.11	0.09	1.16	0.10	0.08	1.20
自变量									
集群网络密度				-0.36**	0.08	4.66	-0.34**	0.09	3.89
知识共享意愿				0.19*	0.09	2.03	0.19*	0.09	2.04
调节项									
网络密度×共享意愿							-0.14	0.11	1.24
R Square	0.33*			0.56**			0.59**		
Adjusted R Square	31*			0.54**			0.57**		
R Square Change	0.33			0.23			0.03		
F Change	81.46			99.54			33.54		
Sig. F Change	0.000			0.000			0.21		

根据回归方程和表 6 – 5，乘积项"网络密度和知识共享意愿"与广度知识共享的回归系数为 0.14，在 0.05 置信水平下统计不显著（$T = 1.24$）。同时，我们也从表下方的 F 检验看到，在加入乘积项后，R^2 值从 0.56 变化到 0.59，ΔR^2 为 0.03，在 0.05 置信水平下 F 检验同样不显著。因此，乘积项"网络密度×知识共享意愿"对广度知识共享在统计上没有影响，进而说明知识共享意愿没有调节作用，即假设 4b 没有通过检验，假设不成立。

6.2.3.2　知识共享意愿对集群网络集中度与集群知识共享之间关系的调节影响的回归分析

为了检验知识共享意愿在集群网络集中度与集群知识共享之间关系的调节影响，需要逐一检验知识共享意愿对四个关系的调节效应，包括程度中心性与深度知识共享之间、程度中心性与官渡知识共享之间、中介中心性与深度知识共享之间、中介中心性与广度知识共享之间。首先检验以网络程度中心性为自变量的调节效应，然后在检验中介中心性为自变量的调节效应。

（1）知识共享意愿在集群网络程度中心性与知识共享之间的调节效应分析。

在本部分，分别检验以深度知识共享和广度知识共享为因变量的调节效应，对应的计量模型为：

$$y_{DKS} = a_9 + b_9 x_{DC} + b_9' m_{KSW} + b_9'' x_{DC} \times m_{KSW} + c_9 c_{CV} + \varepsilon_9 \qquad (4.9)$$

$$y_{BKS} = a_{10} + b_{10} x_{DC} + b_{10}' m_{KSW} + b_{10}'' x_{DC} \times m_{KSW} + c_{10} c_{CV} + \varepsilon_{10} \qquad (4.10)$$

接下来首先检验计量模型（9）所提出的假设。

①知识共享意愿在集群网络程度中心性与深度知识共享之间的调节效应分析。

该处的检验方法同样采用多元线性层级回归分析来检验调节影响。其中计量模型（4.9）中，程度中心性为自变量，知识共享意愿为调节变量、深度知识共享为因变量，而构造的乘积项"程度中心性和知识共享意愿"的回归系数用于检验调节影响，数据分析结果如表6-6所示。

表6-6　　　　　知识共享意愿在程度中心性与深度知识
共享之间调节影响的回归分析

	深度知识共享								
	Model1			Model2			Model3		
	Beta	Std. E	T	Beta	Std. E	T	Beta	Std. E	T
控制变量									
集群网络规模	0.13	0.08	1.50	0.16	0.11	1.31	0.11	0.05	1.24
集群成立时间	0.29*	0.08	3.31	0.26*	0.09	2.74	0.27*	0.09	3.01
集群研发投入	0.19	0.11	1.61	0.26	0.12	1.87	0.24	0.08	1.85
自变量									
程度中心性				0.43**	0.11	4.23	0.41**	0.10	4.14
知识共享意愿				0.20*	0.08	2.23	0.20*	0.08	2.18
调节项									
程度中心性×共享意愿							0.31**	0.11	2.98
R Square	0.32*			0.54**			0.64**		
Adjusted R Square	31*			0.53**			0.62**		
R Square Change	0.32			0.22			0.07		
F Change	79.56			93.56			97.34		
Sig. F Change	0.000			0.000			0.000		

在表 6 - 6 中，模型 1 是只有控制变量的回归分析结果，模型 2 为加入了自变量程度中心性、调节变量知识共享意愿的回归分析结果，模型 3 是加入乘积项"程度中心性和知识共享意愿"的回归分析结果。根据表 6 - 6 的回归结果，得到计量模型（6.9）的回归方程：

$$y_{DKS} = 0.43x_{DC} + 0.20m_{KSW} + 0.31x_{DC} \times m_{KSW} + 0.27c_{NC} \qquad (6.9)$$

根据回归方程和表 6 - 6，乘积项"程度中心性 × 知识共享意愿"与深度知识共享的回归系数为 0.31，在 0.01 置信水平下统计显著（$T = 2.98$）。同时，在加入乘积项后，R^2 值从 0.54 变化到 0.64，ΔR^2 为 0.10，在 0.000 置信水平下 F 检验显著。因此，乘积项"程度中心性 × 知识共享意愿"对深度知识共享有积极的影响，知识共享意愿具有积极的调节作用，增强了程度中心性对深度知识的影响程度。因此，假设 5a 通过检验，假设成立。

②知识共享意愿在集群网络程度中心性与广度知识共享之间的调节效应分析。

计量模型（4.10）中，程度中心性为自变量，知识共享意愿为调节变量、广度知识共享为因变量，而构造的乘积项"程度中心性和知识共享意愿"的回归系数用于检验调节影响，数据分析结果如表 6 - 7 所示。

在表 6 - 7 中，模型 1 是只有控制变量的回归分析结果，模型 2 为加入了自变量程度中心性、调节变量知识共享意愿的回归分析结果，模型 3 是加入乘积项"程度中心性和知识共享意愿"的回归分析结果。根据表 6 - 7 的回归结果，得到计量模型（4.10）的回归方程：

$$y_{BKS} = -0.34x_{DC} + 0.19m_{KSW} - 0.24x_{DC} \times m_{KSW} + 0.30c_{NC} \qquad (6.10)$$

根据回归方程和表 6 - 7，乘积项"程度中心性 × 知识共享意愿"与广度知识共享的回归系数为 - 0.34，在 0.01 置信水平下统计显著（$T = 3.91$）。同时，在加入乘积项后，R^2 值从 0.51 变化到 0.62，ΔR^2 为 0.11，在 0.000 置信水平下 F 检验显著。因此，乘积项"程度中心性 × 知识共享意愿"对广度知识共享有调节影响。而乘积项的回归系数为 - 0.31，知识共享意愿减弱了程度中心性对广度知识共享的影响程度，因此假设 5b 通过检验，假设成立。

表 6 - 7　　　　　　　　知识共享意愿在程度中心性与深度知识

共享之间调节影响的回归分析

	广度知识共享								
	Model1			Model2			Model3		
	Beta	Std. E	T	Beta	Std. E	T	Beta	Std. E	T
控制变量									
集群网络规模	0.33**	0.08	4.10	0.32**	0.09	3.32	0.30*	0.08	3.31
集群成立时间	0.09	0.07	1.31	0.12	0.13	0.95	0.13	0.11	1.18
集群研发投入	0.12	0.11	1.01	0.11	0.09	1.16	0.11	0.08	1.25
自变量									
程度中心性				-0.35**	0.08	4.62	-0.34**	0.09	3.91
知识共享意愿				0.21*	0.09	2.33	0.19*	0.09	2.14
调节项									
程度中心性×共享意愿							-0.24*	0.10	2.38
R Square	0.33*			0.51**			0.62**		
Adjusted R Square	31*			0.49**			0.61**		
R Square Change	0.33			0.18			0.11		
F Change	81.46			97.87			96.55		
Sig. F Change	0.000			0.000			0.000		

（2）知识共享意愿在集群网络中介中心性与知识共享之间的调节效应分析。

在本部分，我们分别检验以深度知识共享和广度知识共享为因变量的调节效应，对应的计量模型为：

$$y_{DKS} = a_{11} + b_{11}x_{BC} + b'_{11}m_{KSW} + b''_{11}x_{BC} \times m_{KSW} + c_{11}c_{CV} + \varepsilon_{11} \quad (4.11)$$

$$y_{BKS} = a_{12} + b_{12}x_{BC} + b'_{12}m_{KSW} + b''_{12}x_{BC} \times m_{KSW} + c_{12}c_{CV} + \varepsilon_{12} \quad (4.12)$$

1. 知识共享意愿在集群网络中介中心性与深度知识共享之间的调节效应

该处的检验方法同样采用多元线性层级回归分析来检验调节影响。其中计量模型（4.11）中，中介中心性为自变量，知识共享意愿为调节变量、深度知识共享为因变量，而构造的乘积项"中介中心性和知识共享意愿"的回归系数用于检验调节影响，数据分析结果如表 6 - 8 所示。

表 6 - 8 知识共享意愿在中介中心性与深度知识
共享之间调节影响的回归分析

	深度知识共享								
	Model1			Model2			Model3		
	Beta	Std. E	T	Beta	Std. E	T	Beta	Std. E	T
控制变量									
集群网络规模	0.13	0.08	1.50	0.16	0.11	1.31	0.11	0.05	1.24
集群成立时间	0.29*	0.08	3.31	0.26*	0.09	2.74	0.27*	0.09	3.01
集群研发投入	0.19	0.11	1.61	0.26	0.12	1.87	0.14	0.08	1.85
自变量									
中介中心性				-0.26*	0.10	2.61	-0.27*	0.10	2.71
知识共享意愿				0.22*	0.08	2.22	0.20*	0.09	2.11
调节项									
中介中心性×共享意愿							-0.23*	0.11	2.23
R Square	0.32*			0.44**			0.53**		
Adjusted R Square	31*			0.43**			0.51**		
R Square Change	0.32			0.12			0.09		
F Change	79.56			81.67			77.57		
Sig. F Change	0.000			0.000			0.000		

在表 6 - 8 中，模型 1 是只有控制变量的回归分析结果，模型 2 为加入了自变量中介中心性、调节变量知识共享意愿的回归分析结果，模型 3 是加入乘积项"中介中心性和知识共享意愿"的回归分析结果。根据表 6 - 8 的回归结果，得到计量模型（6.11）（4.11）的回归方程：

$$y_{DKS} = -0.27x_{BC} + 0.20m_{KSW} - 0.23x_{BC} \times m_{KSW} + 0.27c_{NC} \quad (6.11)$$

根据回归方程和表 6 - 8，乘积项"中介中心性×知识共享意愿"与深度知识共享的回归系数为 -0.27，在 0.05 置信水平下统计显著（$T = 2.71$）。同时，在加入乘积项后，R^2 值从 0.44 变化到 0.53，ΔR^2 为 0.09，在 0.000 置信水平下 F 检验显著。因此，乘积项"中介中心性×知识共享意愿"对深度知识共享有调节影响，而且，知识共享意愿减缓了中介中心性对深度知识共享的影响程度，假设 6a 通过检验，假设成立。

2. 知识共享意愿在集群网络程度中心性与广度知识共享之间的调节效应

计量模型（4.12）中，中介中心性为自变量，知识共享意愿为调节变量、广度知识共享为因变量，乘积项"中介中心性和知识共享意愿"的回归系数用于检验调节影响，数据分析结果如表6-9所示。

表6-9　　　　　　知识共享意愿在中介中心性与广度知识
共享之间调节影响的回归分析

	广度知识共享								
	Model1			Model2			Model3		
	Beta	Std. E	T	Beta	Std. E	T	Beta	Std. E	T
控制变量									
集群网络规模	0.33 **	0.08	4.10	0.31 **	0.09	3.29	0.31 *	0.09	3.21
集群成立时间	0.09	0.07	1.31	0.11	0.10	1.05	0.11	0.09	1.16
集群研发投入	0.12	0.11	1.01	0.14	0.09	1.27	0.13	0.08	1.45
自变量									
中介中心性				0.35 **	0.08	4.61	0.34 **	0.08	4.42
知识共享意愿				0.21 *	0.09	2.31	0.22 *	0.09	2.34
调节项									
中介中心性×共享意愿							26 *	0.10	2.58
R Square	0.33 *			0.42 **			0.51 **		
Adjusted R Square	31 *			0.41 **			0.50 **		
R Square Change	0.33			0.09			0.09		
F Change	81.46			92.83			96.76		
Sig. F Change	0.000			0.000			0.000		

在表6-9中，模型1是只有控制变量的回归分析结果，模型2为加入了自变量程度中心性、调节变量知识共享意愿的回归分析结果，模型3是加入乘积项"中介中心性和知识共享意愿"的回归分析结果。根据表6-7的回归结果，得到计量模型（4.12）的回归方程：

$$y_{BKS} = 0.34x_{BC} + 0.22m_{KSW} + 0.26x_{BC} \times m_{KSW} + 0.31c_{NC} \qquad (6.12)$$

根据回归方程和表6-9，乘积项"中介中心性×知识共享意愿"与广度知识共享的回归系数为 0.34，在 0.01 置信水平下统计显著（$T = 4.61$）。同时，在加入乘积项后，R^2 值从 0.42 变化到 0.51，ΔR^2 为 0.09，在 0.000 置信水平下 F 检验显著。因此，乘积项"中介中心性 × 深度知识共享意愿"对广度知识共享有调节影响。而乘积项的回归系数为 0.26，知识共享意愿增强了中介中心性对广度知识共享的积极影响程度，因此假设 6b 通过检验，假设成立。

6.2.4　集群知识共享意愿与知识共享能力互动的调节影响回归分析

根据第三章的理论框架和研究假设，集群网络特征只是为集群内知识共享提供机会或限制，知识共享的效果还受到集群网络中成员企业知识共享意愿的影响，这两个方面在本章前面已经做了充分的证明。但是仅仅处于优势的集群网络，并且成员企业有知识共享的意愿还是不够的，还未必能够真正促成集群内的知识有效共享。因为如果集群内的企业缺少知识共享能力，即使再有优势网络和共享意愿，也很难达成知识共享的效果。因此本书如下部分检验集群知识共享意愿与知识共享能力互动的调节影响。

本部分从三个方面进行检验，首先是检验知识共享意愿与知识共享能力在集群网络密度与知识共享之间调节效应；其次是检验这种互动在集群网络程度中心性与知识共享之间的调节效应；最后是检验在中介中心性与知识共享之间的调节效应。

6.2.4.1　知识共享意愿与知识共享能力在网络密度与知识共享之间调节效应

此处知识共享意愿和知识共享能力互动的调节影响分别以深度知识共享和广度知识共享为因变量展开检验，如下是第 4 章的计量模型：

$$y_{DKS} = a_{13} + (b_{13}x_D + b'_{13}m_{KSW} + b''_{13}m_{KSA}) + (d_{13}x_D \times m_{KSW} + d'_{13}x_D \times m_{KSA} +$$
$$d''_{13}m_{KSW} \times m_{KSA}) + e_{13}x_D \times m_{KSW} \times m_{KSA} + c_{13}c_{CV} + \varepsilon_{13} \qquad (4.13)$$

$$y_{BKS} = a_{14} + (b_{14}x_D + b'_{14}m_{KSW} + b''_{14}m_{KSA}) + (d_{14}x_D \times m_{KSW} + d'_{14}x_D \times m_{KSA} +$$
$$d''_{14}m_{KSW} \times m_{KSA}) + e_{14}x_D \times m_{KSW} \times m_{KSA} + c_{14}c_{CV} + \varepsilon_{14} \qquad (4.14)$$

（1）因变量为深度知识共享的互动调节效应检验。

在计量模型（4.13）中，深度知识共享为因变量，网络密度自变量。构造乘积项"知识共享意愿×知识共享能力"作为两者互动的一个变量。这是检验互动影响常用的一种计量方法。另外，还要构造一个三变量的乘积项"网络密度×知识共享意愿×知识共享能力"用来检验两者互动是否具有调节影响的变量，具体来说，在回归分析中，如果构造的三变量乘积项的回归系数统计显著，则说明两变量互动具有调节效应，反之则假设不成立。本处采用多维层级回归分析，数据分析结果如表6-10所示。

在表6-10中，模型1是只有控制变量的回归分析结果；模型2为加入了自变量网络密度、调节变量知识共享意愿和知识共享能力的回归分析结果；模型3是加入乘积项"网络密度×知识共享意愿""网络密度×知识共享能力"以及"知识共享意愿×知识共享能力"的回归分析结果；模型4是加入乘积项"网络密度×知识共享意愿×知识共享能力"的回归结果，以检验调节效应。

根据表6-10的回归结果，得到计量模型（4.13）的回归方程：

$$y_{DKS} = (0.34x_D + 0.18m_{KSW} + 0.24m_{KSA}) + (0.33x_D \times m_{KSW} + 0.2x_D \times m_{KSA} +$$
$$0.32m_{KSW} \times m_{KSA}) + 0.26x_D \times m_{KSW} \times m_{KSA} + 0.26t \qquad (6.13)$$

根据结合表6-10和回归方程，首先，集群网络密度、知识共享意愿和知识共享能力与深度知识共享的回归系数分别为0.34、0.18和0.24，在0.05置信水平下显著（各自的T值都大于2），集群网络密度、知识共享意愿对深度知识共享有积极影响与前面的研究一致，知识共享能力对深度知识共享也有促进作用。其次，在三变量两两交互回归中，同样发现，"网络密度×知识共享意愿""网络密度×知识共享能力"以及"知识共享意愿×知识共享能力"的回归系数显著，系数分别为0.33、0.20和0.32，它们的互动对深度知识共享有较为明显的促进作用。最后，三变量交互"网络密度×知识共享意愿×知识共享能力"的回归系数为0.26，在0.05置信水平下显著（$T=2.09$），同时，加入三变量乘积项后，R^2值从0.55变化到0.66，ΔR^2为0.11，在0.000置信水平下F检验显著。因此，三变量交互回归系数显著，再根据第三章的研究假设，"知识共享意愿×知识共享能力"在集群网络密度和深度知识共享之间起到调节作用，假设7a通过检验，假设成立。

表6-10 知识共享意愿与共享能力在集群网络密度与深度知识共享之间调节影响的回归分析

	Model1			Model2			Model3			Model4		
	Beta	Std. E	T	Beta	Std. E	T	Beta	Std. E	T	Beta	Std. E	T
控制变量												
集群网络规模	0.13	0.08	1.50	0.12	0.09	1.21	0.13	0.08	1.42	0.12	0.08	1.27
集群成立时间	0.29*	0.08	3.31	0.30*	0.10	2.94	0.28*	0.09	3.07	0.26*	0.08	2.43
集群研发投入	0.17	0.11	1.61	0.11	0.09	1.16	0.17	0.08	1.20	0.15	0.10	1.46
自变量												
集群网络密度				0.36**	0.08	4.65	0.35**	0.08	4.29	0.34**	0.09	3.56
知识共享意愿				0.19*	0.09	2.03	0.19*	0.09	2.04	0.18*	0.08	2.43
知识共享能力				0.25**	0.06	4.21	0.23*	0.07	3.41	0.24**	0.07	3.54
两变量的乘积项												
网络密度×共享意愿							0.32*	0.11	3.24	0.33**	0.10	3.28
网络密度×共享能力							21*	0.10	2.08	0.20*	0.09	2.12
共享意愿×共享能力							0.33*	0.09	3.56	0.32*	0.10	3.21
三变量的乘积项												
密度×意愿×能力										0.26*	0.12	2.09
R Square	0.32*			0.47**			0.55**			0.66**		
Adjusted R Square	31*			0.46**			0.53**			0.65**		
R Square Change	0.32			0.25			0.08			0.11		
F Change	76.56			85.51			83.34			108.87		
Sig. F Change	0.000			0.000			0.000			0.000		

（2）因变量为广度知识共享的互动调节效应检验。

在计量模型（4.14）中，广度知识共享为因变量，网络密度自变量。同样，构造乘积项"知识共享意愿×知识共享能力"作为互动变量。为了检验这个交互项是否具有调节效应，还要构造一个三变量的乘积项"网络密度×知识共享意愿×知识共享能力"，多维层级回归结果如表6-11所示。

根据表6-11的回归结果，得到计量模型（4.14）的回归方程：

$$y_{BKS} = (-0.33x_D + 0.19m_{KSW} + 0.23m_{KSA}) - 0.32m_{KSW} \times m_{KSA} -$$
$$0.23x_D \times m_{KSW} \times m_{KSA} + 0.31c_{NC} \tag{6.14}$$

根据结合表6-11和回归方程，首先，集群网络密度、知识共享意愿和知识共享能力与广度知识共享的回归系数分别为-0.34、0.19和0.23，在0.05置信水平下显著（各自的T值都大于2），集群网络密度、知识共享意愿对广度知识共享有积极影响与前面的研究一致，网络密度不利于广度知识共享；根据回归结果，知识共享能力对广度知识共享也有促进作用。其次，在三变量两两交互回归中，发现，"网络密度×知识共享意愿""网络密度×知识共享能力"的回归系数分别为-0.11和-0.09，显著性检验T值分别为0.97和1.02，在统计上不显著，说明它们不能有效缓解网络密度对广度知识共享不利影响的程度。而"知识共享意愿×知识共享能力"的回归系数显著，系数分别为-0.32，T值为3.41。另外根据加入三对交互项后的R^2的变化（$\Delta R^2 = 0.09$，$F = 83.34$），F检验显著，因此它们的互动显著地缓解了网络密度阻碍广度知识共享的程度。最后，三变量交互"网络密度×知识共享意愿×知识共享能力"的回归系数为-0.23，在0.05置信水平下显著（$T = 2.11$），同时，加入三变量乘积项后，R^2值从0.51变化到0.59，ΔR^2为0.08，在0.000置信水平下F检验显著。因此，三变量交互回归系数显著，再根据第三章的研究假设，"知识共享意愿×知识共享能力"在集群网络密度和广度知识共享之间起到调节作用，即两者的交互有效地缓解了网络密度对广度知识共享的消极影响程度，假设7b通过检验，假设成立。

表 6 – 11　知识共享意愿与共享能力在集群网络密度与广度知识共享之间调节影响的回归分析

	Model1			Model2			Model3			Model4		
	Beta	Std. E	T	Beta	Std. E	T	Beta	Std. E	T	Beta	Std. E	T
控制变量												
集群网络规模	0.33**	0.08	4.10	0.32**	0.09	4.03	0.33	0.08	4.12	0.31**	0.08	3.87
集群成立时间	0.09	0.07	1.31	0.11	0.10	1.04	0.12	0.09	1.07	0.11	0.08	1.41
集群研发投入	0.12	0.11	1.01	0.12	0.09	1.18	0.11	0.08	1.2	0.11	0.10	1.09
自变量												
集群网络密度				−0.32**	0.08	4.02	−0.34**	0.08	4.09	0.33**	0.09	3.52
知识共享意愿				0.18*	0.09	2.01	0.19*	0.09	2.11	0.19*	0.08	2.15
知识共享能力				0.21*	0.06	3.22	0.21*	0.06	3.21	0.23*	0.06	3.84
两变量的乘积项												
网络密度×共享意愿							−0.12	0.11	1.02	−0.11	0.11	0.97
网络密度×共享能力							−13	0.10	1.08	−0.09	0.09	1.02
共享意愿×共享能力							0.31*	0.09	3.43	−0.32*	0.09	3.41
三变量的乘积项												
密度×意愿×能力										−0.23*	0.11	2.11
R Square	0.33*			0.42**			0.51**			0.59**		
Adjusted R Square	31*			0.41**			0.50**			0.57**		
R Square Change	0.33			0.09			0.09			0.08		
F Change	81.46			76.52			83.34			78.15		
Sig. F Change	0.000			0.000			0.000			0.000		

6.2.4.2 知识共享意愿与知识共享能力在网络程度中心性与知识共享之间调节效应

根据第 3 章的假设和第 4 章的计量模型：

$$y_{DKS} = a_{15} + (b_{15}x_{DC} + b'_{15}m_{KSW} + b''_{15}m_{KSA}) + (d_{15}x_{DC} \times m_{KSW} + d'_{15}x_{DC} \times m_{KSA} +$$
$$d''_{15}m_{KSW} \times m_{KSA}) + e_{15}x_{DC} \times m_{KSW} \times m_{KSA} + c_{15}c_{CV} + \varepsilon_{15} \tag{4.15}$$

$$y_{BKS} = a_{16} + (b_{16}x_{DC} + b'_{16}m_{KSW} + b''_{14}m_{KSA}) + (d_{16}x_{DC} \times m_{KSW} + d'_{16}x_{DC} \times m_{KSA} +$$
$$d''_{16}m_{KSW} \times m_{KSA}) + e_{14}x_{DC} \times m_{KSW} \times m_{KSA} + c_{16}c_{CV} + \varepsilon_{16} \tag{4.16}$$

接下来分别检验以网络程度中心性为自变量，深度知识共享、广地知识共享为因变量的交互调节影响。

（1）因变量为深度知识共享的互动调节效应检验。

在计量模型（4.15）中，深度知识共享为因变量，程度中心性为自变量。构造乘积项"知识共享意愿×知识共享能力"作为两者互动变量。另外进一步构造一个三变量的乘积项"程度中心性×知识共享意愿×知识共享能力"用来检验"知识共享意愿×知识共享能力"是否具有调节影响的变量，数据分析结果如表 6–12 所示。

在表 6–12 中，共有四个回归模型，其中，模型 1 是只有三个控制变量的回归分析结果；模型 2 为加入了自变量程度中心性、调节变量知识共享意愿和知识共享能力的回归分析结果；模型 3 是加入乘积项"程度中心性×知识共享意愿""程度中心性×知识共享能力"以及"知识共享意愿×知识共享能力"的回归分析结果；模型 4 是加入乘积项"程度中心性×知识共享意愿×知识共享能力"的回归结果，以检验调节效应。

根据表 6–12 的回归结果，得到计量模型（4.15）的回归方程：

$$y_{DKS} = (0.33x_{DC} + 0.21m_{KSW} + 0.22m_{KSA}) + (0.29x_{DC} \times m_{KSW} + 0.2x_{DC} \times m_{KSA} +$$
$$0.3m_{KSW} \times m_{KSA}) + 0.22x_{DC} \times m_{KSW} \times m_{KSA} + 0.27t \tag{6.15}$$

根据结合表 6–12 和回归方程，首先，程度中心性、知识共享意愿和知识共享能力与深度知识共享的回归系数分别为 0.33、0.21 和 0.22，在 0.05 置信水平下显著（各自的 T 值都大于 2），程度中心性、知识共享意愿和知识共享能力对深度知识共享有积极影响，与前面的研究一致。其次，在三变量两两交互回归中，同样发现，"程度中心性×知识共享意愿""程度中心

表 6-12　知识共享意愿与共享能力在程度中心性与深度知识共享之间调节影响的回归分析

	Model1			Model2			Model3			Model4		
	Beta	Std. E	T	Beta	Std. E	T	Beta	Std. E	T	Beta	Std. E	T
控制变量												
集群网络规模	0.13	0.08	1.50	0.12	0.09	1.23	0.12	0.08	1.40	0.12	0.08	1.26
集群成立时间	0.29*	0.08	3.31	0.29*	0.08	3.47	0.28*	0.09	3.06	0.27*	0.08	3.44
集群研发投入	0.16	0.10	1.62	0.10	0.09	1.17	0.14	0.08	1.26	0.12	0.10	1.26
自变量												
程度中心性				0.33**	0.08	4.05	0.35**	0.08	4.27	0.33**	0.09	3.76
知识共享意愿				0.21*	0.09	2.33	0.20*	0.09	2.14	0.21*	0.08	2.79
知识共享能力				0.25**	0.06	4.07	0.24*	0.06	3.91	0.22**	0.07	3.24
两变量的乘积项												
程度中心性×共享意愿							0.30**	0.11	3.20	0.29**	0.10	3.21
程度中心性×共享能力							0.20*	0.10	2.01	0.20*	0.09	2.10
共享意愿×共享能力							0.31*	0.09	3.51	0.30*	0.10	3.01
三变量的乘积项												
程度中心性×意愿×能力										0.22*	0.11	2.02
R Square	0.32*			0.47**			0.53**			0.60**		
Adjusted R Square	31*			0.46**			0.51**			0.58**		
R Square Change	0.32			0.15			0.06			0.07		
F Change	76.56			82.12			73.31			88.87		
Sig. F Change	0.000			0.000			0.000			0.000		

性×知识共享能力"以及"知识共享意愿×知识共享能力"的回归系数显著，系数分别为0.29、0.20和0.30，它们的T检验值都大于2，而且R^2值从0.47变化到053，ΔR^2为0.06，F检验统计显著，它们的互动对深度知识共享有较为明显的促进作用。最后，三变量交互"程度中心性×知识共享意愿×知识共享能力"的回归系数为0.22，在0.05置信水平下显著（$T = 2.02$），进一步看R^2变化情况，加入三变量乘积项后，R^2值从0.53变化到0.60，ΔR^2为0.07，在0.000置信水平下F检验显著。因此，三变量交互回归系数显著，在根据第三章的理论假设，"知识共享意愿×知识共享能力"在程度中心性和深度知识共享之间起到调节作用，即"知识共享意愿×知识共享能力"增强了程度中心性对深度知识共享的积极作用效果，假设8a通过检验，假设成立。

（2）因变量为广度知识共享的互动调节效应检验。

接下来，进一步检验对广度知识共享的调节效应。在计量模型（4.16）中，广度知识共享为因变量，程度中心性为自变量。构造乘积项"知识共享意愿×知识共享能力"作为两者互动变量。另外进一步构造一个三变量的乘积项"程度中心性×知识共享意愿×知识共享能力"用来检验"知识共享意愿×知识共享能力"是否具有调节影响的变量，数据分析结果如表6-13所示。根据表6-13的回归结果，得到计量模型（4.16）的回归方程：

$$y_{BKS} = (-0.28x_{DC} + 0.18m_{KSW} + 0.22m_{KSA}) - 0.28m_{KSW} \times m_{KSA} -$$
$$0.2x_D \times m_{KSW} \times m_{KSA} + 0.32c_{NC} \tag{6.16}$$

根据结合表6-13和回归方程，控制变量、自变量、两两交互变量的回归结果与前面情况类似，不在此多说。主要分析三变量交互形成的变量回归情况，三变量交互"程度中心性×知识共享意愿×知识共享能力"的回归系数为-0.20，在0.05置信水平下显著（$T = 1.99$），同时，加入三变量乘积项后，R^2值从0.52变化到0.59，ΔR^2为0.07，F检验显著。因此，三变量交互回归系数显著。再根据第三章的研究假设，"知识共享意愿×知识共享能力"在集群网络程度中心性和广度知识共享之间起到调节作用，即两者的交互有效地缓解了程度中心性对广度知识共享的消极影响程度，假设8b通过检验，假设成立。

表6-13　知识共享意愿与共享能力互动在程度中心性与广度知识共享之间调节影响的回归分析

	Model1			Model2			Model3			Model4		
	Beta	Std. E	T	Beta	Std. E	T	Beta	Std. E	T	Beta	Std. E	T
控制变量												
集群网络规模	0.33**	0.08	4.10	0.31**	0.09	3.53	0.33**	0.08	4.13	0.32**	0.08	3.97
集群成立时间	0.08	0.07	1.11	0.10	0.10	1.01	0.09	0.09	0.97	0.11	0.08	1.31
集群研发投入	0.11	0.11	1.01	0.10	0.09	1.13	0.11	0.08	1.23	0.11	0.10	1.08
自变量												
程度中心性				-0.28*	0.08	3.32	-0.29*	0.08	3.69	-0.28**	0.09	3.12
知识共享意愿				0.19*	0.09	2.06	0.19*	0.09	2.12	0.18*	0.08	2.12
知识共享能力				0.23*	0.07	3.12	0.23*	0.06	3.71	0.22*	0.06	3.64
两变量的乘积项												
程度中心性×共享意愿							-0.13	0.11	1.05	-0.14	0.11	1.21
程度中心性×共享能力							-12	0.10	1.22	-0.10	0.09	1.02
共享意愿×共享能力							0.30*	0.09	3.41	-0.28*	0.09	3.11
三变量的乘积项												
程度中心性×意愿×能力										-0.20*	0.10	1.99
R Square	0.33*			0.44**			0.52**			0.59**		
Adjusted R Square	31*			0.42**			0.51**			0.58**		
R Square Change	0.33			0.09			0.08			0.07		
F Change	81.46			76.65			83.46			77.12		
Sig. F Change	0.000			0.000			0.000			0.000		

6.2.4.3 知识共享意愿与知识共享能力互动在网络中介中心性与知识共享之间调节效应

知识共享意愿与知识共享能力互动是增加还是减弱中介中心性对知识共享的影响，也是本书研究的主要内容之一，与前文研究方法相似，分别以深度知识共享和广度知识共享两个因变量来进行检验。根据第四章的计量模型，分别检验以网络程度中心性为自变量，深度知识共享、广地知识共享为因变量的交互调节影响。

$$y_{DKS} = a_{17} + (b_{17}x_{BC} + b'_{17}m_{KSW} + b''_{15}m_{KSA}) + (d_{17}x_{BC} \times m_{KSW} + d'_{17}x_{BC} \times m_{KSA} +$$
$$d''_{17}m_{KSW} \times m_{KSA}) + e_{17}x_{BC} \times m_{KSW} \times m_{KSA} + c_{17}c_{CV} + \varepsilon_{17} \qquad (4.17)$$

$$y_{BKS} = a_{18} + (b_{18}x_{BC} + b'_{18}m_{KSW} + b''_{18}m_{KSA}) + (d_{18}x_{BC} \times m_{KSW} + d'_{18}x_{BC} \times m_{KSA} +$$
$$d''_{18}m_{KSW} \times m_{KSA}) + e_{18}x_{BC} \times m_{KSW} \times m_{KSA} + c_{18}c_{CV} + \varepsilon_{18} \qquad (4.18)$$

（1）因变量为深度知识共享的互动调节效应检验。

在计量模型（4.17）中，深度知识共享为因变量，中介中心性为自变量。构造乘积项"知识共享意愿×知识共享能力"作为两者互动变量。另外进一步构造一个三变量的乘积项"中介中心性×知识共享意愿×知识共享能力"用来检验"知识共享意愿×知识共享能力"是否具有调节影响的变量，数据分析结果如表6-14所示。

在表6-14中，共有四个回归模型，其中，模型1是只有三个控制变量的回归分析结果；模型2为加入了自变量程度中心性、调节变量知识共享意愿和知识共享能力的回归分析结果；模型3是加入乘积项"中介中心性×知识共享意愿""中介中心性×知识共享能力"以及"知识共享意愿×知识共享能力"的回归分析结果；模型4是加入乘积项"中介中心性×知识共享意愿×知识共享能力"的回归结果，以检验调节效应。

根据表6-14的回归结果，得到计量模型（4.17）的回归方程：

$$y_{DKS} = (-0.26x_{BC} + 0.21m_{KSW} + 0.19m_{KSA}) + (-0.21x_{BC} \times m_{KSW} - 0.2x_{BC} \times$$
$$m_{KSA} + 0.26m_{KSW} \times m_{KSA}) - 0.19x_{BC} \times m_{KSW} \times m_{KSA} + 0.28t \qquad (6.17)$$

根据结合表6-14和回归方程，首先，中介中心性、知识共享意愿和知识共享能力与深度知识共享的回归系数分别为 -0.26、0.21 和 0.19，在 0.05 置信水平下显著（各自的 T 值都大于2），中介中心性、知识共享意愿

表6-14 知识共享意愿与共享能力在中介中心性与深度知识共享之间调节影响的回归分析

	Model1			Model2			Model3			Model4		
	Beta	Std. E	T	Beta	Std. E	T	Beta	Std. E	T	Beta	Std. E	T
控制变量												
集群网络规模	0.13	0.08	1.50	0.12	0.09	1.23	0.12	0.08	1.40	0.12	0.08	1.26
集群成立时间	0.29*	0.08	3.31	0.29*	0.08	3.47	0.28*	0.09	3.06	0.28*	0.08	3.44
集群研发投入	0.19	0.11	1.61	0.10	0.09	1.17	0.14	0.08	1.26	0.12	0.10	1.26
自变量												
中介中心性				-0.26*	0.10	2.61	-0.27*	0.10	2.71	-0.26*	0.09	2.86
知识共享意愿				0.22*	0.08	2.22	0.20*	0.09	2.11	0.22*	0.08	2.79
知识共享能力				0.23*	0.06	377	0.24*	0.06	3.91	0.19*	0.07	2.24
两变量的乘积项												
中介中心性×共享意愿							-0.22*	0.11	2.10	-0.21**	0.10	2.01
中介中心性×共享能力							-0.21*	0.10	2.00	-0.20*	0.09	2.11
共享意愿×共享能力							0.27*	0.09	3.03	0.26*	0.10	2.61
三变量的乘积项												
中介中心性×意愿×能力										-0.19*	0.09	2.03
R Square	0.32*			0.44**			0.52**			0.61**		
Adjusted R Square	31*			0.43**			0.51**			0.59**		
R Square Change	0.32			0.12			0.08			0.09		
F Change	79.56			81.10			83.31			89.77		
Sig. F Change	0.000			0.000			0.000			0.000		

和知识共享能力对深度知识共享有积极影响，再从 R^2 的变化也说明了这样的情况存在，具体如表 6 - 14 所示。其次，在三变量两两交互回归中，同样发现，"中介中心性 × 知识共享意愿""中介中心性 × 知识共享能力"以及"知识共享意愿 × 知识共享能力"的回归系数显著，系数分别为 - 0.21、- 0.20 和 0.36，它们的 T 检验值都大于2，而且 R^2 值从0.44 变化到0.52，ΔR^2 为0.08，F 检验统计显著，它们的互动对深度知识共享有较为明显的影响。进一步分析可知，"中介中心性 × 知识共享意愿""中介中心性 × 知识共享能力"的回归系数为负数，说明了它们有效地缓解了中介中心性对深度知识共享的阻碍作用。最后，三变量交互"中介中心性 × 知识共享意愿 × 知识共享能力"的回归系数为 - 0.19，在0.05 置信水平下显著（$T = 2.03$），进一步看 R^2 变化情况，加入三变量乘积项后，R^2 值从0.52 变化到0.61，ΔR^2 为0.09，在0.000 置信水平下 F 检验显著。因此，三变量交互回归系数显著，再根据第三章的理论假设，"知识共享意愿 × 知识共享能力"在中介中心性和深度知识共享之间起到调节作用，即"知识共享意愿 × 知识共享能力"缓解了中介中心性对深度知识共享的阻碍作用，假设9a 通过检验，假设成立。

（2）因变量为广度知识共享的互动调节效应检验。

接下来，进一步检验对广度知识共享的调节效应。在计量模型（4.18）中，广度知识共享为因变量，中介中心性为自变量。构造乘积项"知识共享意愿 × 知识共享能力"作为两者互动变量。另外，进一步构造一个三变量的乘积项"中介中心性 × 知识共享意愿 × 知识共享能力"用来检验"知识共享意愿 × 知识共享能力"是否具有调节影响的变量，数据分析结果如表 6 - 15 所示。根据表 6 - 15 的回归结果，得到计量模型（4.18）的回归方程：

$$y_{BKS} = (0.32 x_{BC} + 0.2 m_{KSW} + 0.22 m_{KSA}) + (0.25 x_{BC} \times m_{KSW} + 0.24 x_{BC} \times m_{KSA} +$$
$$0.28 m_{KSW} \times m_{KSA}) + 0.21 x_{BC} \times m_{KSW} \times m_{KSA} + 0.32 c_{NC} \qquad (6.18)$$

根据结合表 6 - 16 和回归方程，控制变量、自变量、两两交互变量的回归结果与前面情况类似，在此不再多说。主要分析三变量交互形成的变量回归情况，三变量交互"中介中心性 × 知识共享意愿 × 知识共享能力"的回归系数为0.21，在0.05 置信水平下显著（$T = 2.11$），同时，加入三变量乘

表 6 - 15　知识共享意愿与共享能力互动程度中心性与广度知识共享之间调节影响的回归分析

	Model1			Model2			Model3			Model4		
	Beta	Std. E	T	Beta	Std. E	T	Beta	Std. E	T	Beta	Std. E	T
控制变量												
集群网络规模	0.33**	0.08	4.10	0.31**	0.09	3.29	0.31*	0.09	3.21	0.32**	0.08	3.97
集群成立时间	0.08	0.07	1.11	0.11	0.10	1.05	0.11	0.09	1.16	0.11	0.08	1.31
集群研发投入	0.11	0.11	1.01	0.14	0.09	1.27	0.13	0.08	1.45	0.11	0.10	1.08
自变量												
中介中心性				0.35**	0.08	4.60	34**	0.09	3.71	0.32**	0.09	3.52
知识共享意愿				0.21*	0.09	2.30	0.21*	0.09	2.33	0.20*	0.08	2.32
知识共享能力				0.23*	0.07	3.14	0.22*	0.06	3.71	0.22*	0.06	3.63
两变量的乘积项												
中介中心性×共享意愿							0.26*	0.10	2.54	0.25*	0.10	2.48
中介中心性×共享能力							0.25	0.10	2.52	0.24	0.09	2.62
共享意愿×共享能力							0.30*	0.09	3.43	0.28*	0.09	3.12
三变量的乘积项												
中介中心性×意愿×能力										0.21*	0.10	2.11
R Square	0.33*			0.43**			0.50**			0.60**		
Adjusted R Square	31*			0.42**			0.49**			0.59**		
R Square Change	0.33			0.10			0.07			0.10		
F Change	81.46			77.66			73.46			87.15		
Sig. F Change	0.000			0.000			0.000			0.000		

积项后，R^2 值从 0.50 变化到 0.60，ΔR^2 为 0.10，F 检验显著。因此，三变量交互回归系数显著。再根据第三章的研究假设，"知识共享意愿×知识共享能力"在集群网络中介中心性和广度知识共享之间起到调节作用，即两者的交互有效地增强了中介中心性对广度知识共享的积极影响程度，假设 9b 通过检验，假设成立。

6.2.5 集群知识共享与集群绩效之间关系的回归分析

本书前半部分重点从产业集群网络视角探讨了集群知识共享问题，并得出了集群网络特征对集群知识共享有着非常重要的作用，这也能够深入地解释为什么有些集群促进集群知识共享，而有些集群却阻碍知识共享。在此基础上却产生了另一个疑问：为什么要研究集群知识共享？集群知识共享对集群发展有什么意义？如果这个问题不能很好的回答，前半部分的研究就失去了应有的价值。因此本书接下来就实证分析这个问题，即集群知识共享对集群绩效是否有影响，有何影响。

在本书第二章，对集群绩效进行了回顾，在此基础上本书将集群绩效划分为两个维度，分别是集群创新绩效和集群整体财务绩效。因此，在集群知识共享与集群绩效之间关系上，需要分别检验深度知识共享、广度知识共享分别对这两类绩效的影响情况，根据第四章的计量经济模型：

（1）知识共享与集群整体财务绩效之间关系的计量模型：

$$p_{FP} = a_{19} + b_{19}y_{DKS} + b'_{19}y_{BKS} + c_{19}c_{CV} + \varepsilon_{19} \tag{4.19}$$

（2）知识共享与集群创新绩效之间关系的计量模型：

$$p_{IP} = a_{20} + b_{20}y_{DKS} + b'_{20}y_{BKS} + c_{20}c_{CV} + \varepsilon_{20} \tag{4.20}$$

本书在此采用简单层级线性回归分析对上述两个计量模型进行检验，为了克服数据量纲不同带来的问题，首先对数据进行了标准化处理。在数据回归分析中为了能够使回归系数具有可比较性，采用标准化后的回归系数形式，其中截距项（常数项）系数为 0。数据运行结果如表 6-16 所示。模型 1 和模型 3 为只有控制变量的分析（分别对应相应的因变量），模型 2 和模型 4 为加入了自变量深度知识共享、广度知识共享后回归分析结果。根据回归结果，深度知识共享、广度知识共享与集群创新绩效、整体财务绩效之间关系的回归方程分别为：

　　（1）知识共享与集群整体财务绩效之间回归方程：

$$p_{FP} = 0.38y_{DKS} + 0.12y_{BKS} + (0.22t + 0.28I_{NV} + 0.25T_{AX}) \qquad (6.19)$$

　　（2）知识共享与集群创新绩效之间关系的回归方程：

$$p_{IP} = 0.27y_{DKS} + 0.36y_{BKS} + 0.22I_{R\&D} \qquad (6.20)$$

　　其中，I_{NV} 和 $I_{R\&D}$ 分别为控制变量：集群上一年收入和上一年集群研发投入。

　　首先，进行知识共享（深度、广度）与整体财务绩效的回归分析。根据表 6 – 16 中的模型 2，控制变量集群成立时间、集群上一年度收入减免的回归系数分别为 0.22、0.28，对应的 T 检验值分别为 3.04、2.82，在 0.05 置信水平上统计显著。这两个控制变量对整体财务绩效有积极影响。再根据模型 4，深度知识共享的回归系数为 0.38，T 检验值为 3.77，在 0.01 置信水平上统计显著。再从 R^2 变化来看，R^2 从 0.31 变化到 0.47，ΔR^2 为 0.16，F 检验显著。表明集群深度知识共享提升集群整体财务绩效。假设 11b 通过检验，假设成立。而进一步分析广度知识共享的回归系数（$r = 0.12$，$T = 1.17$），在 0.05 置信水平上统计不显著，说明广度知识共享对整体财务绩效的影响没有通过检验，即本书假设"集群的广度知识共享对整体财务绩效有负面影响"没有得到支持，假设 10b 不成立。

　　其次，对知识共享（深度、广度）对集群创新绩效的影响的回归分析。根据表 6 – 16 中的模型 1，控制变量上一年度研发投入的回归系数分别为 0.22，对应的 T 检验值分别为 2.21，在 0.05 置信水平上统计显著，上一年度研发投入对集群创新绩效有积极影响。再根据模型 3，深度知识共享的回归系数为 0.27，T 检验值为 2.56，在 0.05 置信水平上统计显著；而广度知识共享的回归系数为 0.36，T 检验值为 3.62，在 0.01 置信水平上统计显著。再从 R^2 变化来看，R^2 从 0.22 变化到 0.44，ΔR^2 为 0.22，F 检验显著。因此，集群深度知识共享和广度知识共享都对集群创新绩效有积极影响。假设 11a"集群深度知识共享对集群创新绩效有负面影响"非但没有得到支持，而且实证情况正好相反，集群深度知识共享倒是促进了集群创新绩效的提高，假设 11a 没有通过检验，假设不成立。假设 10a"集群广度知识共享对集群创新绩效有积极影响"得到检验，假设成立。

表6-16　知识共享深度和知识共享广度分别作为因变量的回归分析结果

	创新绩效						整体财务绩效					
	Model1			Model2			Model3			Model4		
	Beta	Std. E	T	Beta	Std. E	T	Beta	Std. E	T	Beta	Std. E	T
控制变量												
集群网络规模	0.14	0.08	1.46	0.12	0.11	1.41	0.13	0.08	1.40	0.12	0.09	1.21
集群成立时间	0.15	0.08	1.61	0.14	0.09	1.54	0.21*	0.07	2.91	0.22*	0.07	3.04
集群上年研发投入	0.23*	0.10	2.31	0.22*	0.10	2.21	0.12	0.10	1.11	0.11	0.09	1.12
集群上年收入	0.17	0.11	1.61	0.15	0.10	1.51	0.27*	0.10	2.71	28*	0.10	2.82
自变量												
深度知识共享				0.27*	0.11	2.56				0.38**	0.11	3.77
广度知识共享				0.36**	0.10	3.62				0.12	0.10	1.17
R Square	0.22*			0.44**			0.31*			0.47*		
Adjusted R Square	21*			0.42**			30*			0.45**		
R Square Change	0.22			0.22			0.31			0.16		
F Change	87.45			92.53			81.49			85.56		
Sig. F Change	0.000			0.000			0.000			0.000		

6.3　本章小结

根据第三章的研究框架和假设，以及第四章的计量经济模型，在数据收集的基础上，本章采用多元层级回归对研究假设进行了实证研究。

首先，对数据进行了描述性统计与相关性分析。根据描述性统计情况，判断出本书各个变量均值和标准差，对相关变量进行了正态性检验，检验结果表明基本符合正态分布，符合进一步数据分析的条件。对各个变量进行两两的 Pearson 相关分析，各个变量之间的相关性基本上符合本书研究假设的条件，增强了本书实证研究的可行性。

其次，对本书的研究假设按照主效应、调节效应顺序依次进行实证检验，共包括五个方面检验：①集群网络密度对集群知识共享的影响；②集群网络集中度（程度中心性、中介中心性）对集群知识共享的影响；③知识共享意愿的调节影响；④集群共享意愿与集群知识共享能力互动的调节影响；⑤集群知识共享对集群绩效的影响。具体检验结果如表 6–17 所示。

表 6–17　　　　　　　　　　假设检验结果汇总

效应	假设	内容	检验结果
集群网络密度对集群知识共享的影响	1a	产业集群网络密度越高，越有利于深度知识共享	支持
	1b	产业集群网络密度越高，越不利于广度知识共享	支持
集群网络程度中心性对集群知识共享的影响	2a	集群网络程度中心性越高，集群越会进行深度知识共享	支持
	2b	集群网络程度中心性越高，集群越不会进行广度知识共享	支持
集群网络中介中心性对集群知识共享的影响	3a	集群网络中介中心性越高，集群越会进行广度知识共享	支持
	3b	集群网络中介中心性越高，集群越不会进行深度知识共享	支持
知识共享意愿在集群网络密度与集群知识共享之间的调节影响	4a	产业集群中成员企业知识共享意愿越高，产业集群网络密度对集群深度知识共享影响越大	支持
	4b	产业集群中成员企业知识共享意愿越高，产业集群网络密度对广度知识共享的影响越小	不支持

续表

效应	假设	内容	检验结果
知识共享意愿在集群网络集中性与集群知识共享之间的调节影响		知识共享意愿在集群网络程度中心性与集群知识共享之间的调节影响	
	5a	产业集群中成员企业知识共享意愿越高，产业集群网络程度中心性对集群深度知识共享影响越大	支持
	5b	产业集群中成员企业知识共享意愿越高，产业集群网络程度中心性对广度知识共享的影响越小	支持
		知识共享意愿在集群网络中介中心性与集群知识共享之间的调节影响	
	6a	产业集群中成员企业知识共享意愿越高，集群网络中介中心性对深度知识共享的影响越小	支持
	6b	产业集群中成员企业知识共享意愿越高，集群网络中介中心性越有利于集群广度知识共享	支持
成员企业知识共享意愿与共享能力互动对集群网络特征与集群知识共享之间关系起到调节作用	7a	成员共享意愿与分享能力互动增强了产业集群网络密度对集群深度知识共享的影响程度	支持
	7b	成员共享意愿与分享能力互动降低了产业集群网络密度对广度知识共享的影响程度	支持
	8a	成员共享意愿与分享能力互动增强了集群网络程度中心性对集群知识共享深度的影响程度	支持
	8b	成员共享意愿与分享能力互动降低了集群网络程度中心性对集群知识共享广度的影响程度	支持
	9a	成员共享意愿与分享能力互动降低了集群网络中介中心性对深度知识共享的影响程度	支持
	9b	成员共享意愿与分享能力互动增强了集群网络中介中心性对集群广度知识共享的影响程度	支持
集群知识共享对集群绩效的影响		广度知识共享与集群绩效	
	10a	集群网络的广度知识共享对集群新产品绩效有积极影响	支持
	10b	集群网络的广度知识共享对与整体财务绩效有负面影响	不支持
		深度知识共享与集群绩效	
	11a	集群网络的深度知识共享对集群新产品绩效有负面影响	不支持
	11b	集群网络的深度知识共享对与整体财务绩效有积极影响	支持

第 7 章

研究结论与展望

产业集群内的知识共享问题虽然受到了广泛的关注和研究，并取得了丰富的成果。这些研究要么从集群自身角度，例如从集群所属的行业、集群内部供应链关系、集群内部服务型企业情况、企业结构特征来研究集群知识共享问题，要么从集群外部的政策环境、经济环境、技术环境来进行研究，但是将产业集群视为一种社会网络，从成员企业互动的角度来研究集群知识共享问题还相对较少。尽管近年来，也开始有学者整合既有的产业集群相关理论，提出知识网络视角，认为产业集群成长升级与知识网络演进之间是动态交互关系（阳志梅，2009），但可能由于产业集群网络数据收集和数据处理的困难以及以集群为研究对象的实证研究所需样本量的不足等原因，造成产业集群整体网络的实证研究仍然非常不足。

随着社会网络理论的发展，跨学科运用社会网络理论为集群研究提供了新的视野和广阔的空间。社会网络研究避免了以往研究的静态性、孤立性和片面性，从动态的、系统的和全面的角度来进行研究。这种研究方法既考虑到集群的整体性特征对集群成员的影响，也考虑到了集群中的成员，特别是关键成员对集群运行的塑造和影响。

笔者在工作中曾参与并跟踪江苏产业集群发展，深感集群创新的重要性。产业集群的转型升级是我国产业转型升级的重要载体。当面我国产业发展面临劳动力、资源成本上升，不少出口导向型产业的市场被周边发展中国家抢占，发达国家的再制造化、工业 4.0 等又占领了高端制造业市场，中国产业集群能否顺利向创新驱动转型升级，决定了中国制造业能否在国际国内环境变化的形势下突破现有困局，实现向价值链高端攀升。我国而集群创新成功的前提是需要一个良好的信息交流与沟通的平台，即要有一个有效的知识共享。只用集群内部知识能够被有效地共享，才能产生新的知识，并将新的知识运用到生产实践中去，形成更多的创新成果。与其他理论相比较，社会网络理论能够更有效地解释信息传递、知识转移方面的问题。因此本书从社会网络视角来研究产业集群中知识共享方面的问题。

本书前六章逐层深入研究，从研究问题的提出、现有研究情况到构建理论框架和形成研究假设、计量经济模型构建和关键变量测量，再到数据收集、对研究假设的检验。本章在此基础上，对前文的研究内容进行总结，对本书的主要研究结论、理论贡献以及实践启示进行阐述，并在此基础之上提出本研究存在的局限以及未来的研究方向。

7.1 研究结论

本书以社会网络理论、知识管理理论、产业集群理论为核心，建立了"机会—意愿—能力—行为"的集群知识共享理论研究框架，并根据研究框架形成一系列研究假设。在研究假设的基础上，对相关构念进行操作化，形成测量量表，以便于进行实证研究。本书实证研究的调研对象为江苏省内科技型产业集群，采用权威部门协助的方式进行问卷调查，收集到 91 份有效问卷。在对数据进行整理和数据质量分析的基础上，采用层级回归分析对假设进行检验。根据检验结果，如下是得出的研究结论。

7.1.1 集群网络特征影响集群知识共享效果

本书研究认为，基于社会网络的视角能够更好地理解产业集群内部运营规律，将产业集聚内部结构视为一种网络结构，从网络密度、网络集中度（程度中心性、中介中心性）两个方面来研究它们对集群知识共享的影响。根据实证研究结果，得出如下三个方面的结论。

一是产业集群的网络密度影响集群知识共享效果。首先，网络密度促进集群深度知识共享。网络密度越高，意味着集群内部成员企业之间接触、交流、合作越是频繁，相互之间越是非常了解，并易于建立信任。由于相互了解和频繁的交往，使得他们之间很少有新的信息和知识的传播，交流的内容往往是熟悉的信息、知识或技术。例如，在南京麒麟产业园区，企业之间交流的话题都是围绕着机器人技术和市场展开。这些交流、接触和合作行为增加了集群中深度知识共享。其次，网络密度阻碍广度知识共享。网络密度高的集群，成员企业之间由于相互熟悉、了解而很难有新的技术、知识被共享，而且由于成员企业之间亲密接触，降低了他们接触其他信息的机会，而且也没有动力去接触集群外部成员获取新的知识。因此高网络密度的集群阻碍了内部成员广度知识共享的效果。

二是集群网络程度中心性影响集群知识共享效果。首先，集群网络程度中心性促进深度知识共享。与集群网络密度的影响不同，集群程度中心性高意味着集群中有处于核心或关键位置的企业，它们可能是一个，也可能是少数几个。这些企业主导着集群的行为，决定着集群的共享的知识类型，其他企业围绕着它们展开生产经营活动。当集群中核心企业使用某种技术进行生产，其他企业都必须采用该技术提供配套产品，新的技术很难在这样的集群中得以采用。其次，集群网络程度中心性阻碍广度知识共享效果。对于核心企业，由于其处于统治地位，新的技术的采用可能危及其竞争地位，使得它们会极力维持对已有技术完善和深度开发，而提供配套服务的其他企业为了更好地服务核心企业，也没有动力去吸收新的技术，从而它们很少进行广度知识共享。

三是集群网络中介中心性影响集群知识共享效果。首先，集群网络中介中心性阻碍集群深度知识共享效果。中介中心性高意味着集群网络中存在着较多的结构洞，处于网络中的成员企业能够较为容易地获取多样化的信息；而且存在较多结构洞的网络表明成员企业之间往往是弱关系，成员企业之间联系、交往、合作的频率较低，在知识共享过程中很难就某个主题、某项技术进行深度交流；更为重要的是，在结构洞周围的企业由于缺乏必要的信任，每个成员企业很少投入核心知识用来共享，而是采取一定的措施防止这样的知识外泄。因此集群网络中介中心性越高，企业越不会进行深度知识共享。其次，高中介中心性的集群网络存在的多结构洞使得每个成员企业在知识共享过程中投入的知识和获取的知识都是各不相同的，成员企业越多，差异化的知识就越多。这样的网络往往有一个或多个成员企业在这个网络中占据着信心优势地位。他们接受来自各方多样化的知识。与程度中心性高的集群网络中一定存在着龙头企业不同，高中介中心性网络中的企业往往不一定规模很大，也不是通过影响力来影响其他成员企业的共享行为，他们是通过对信息和知识的流动的控制能力来影响集群知识共享行为。另外，处于中介中心性高的集群网络中核心企业，为成员企业提供源源不断的多元化知识。因此，集群网络中介中心性越高，越有利于广度知识的共享。

7.1.2 知识共享意愿在集群网络特征与集群知识共享之间起调节作用

集群网络特征将会促进或阻碍集群知识共享的效果，但是集群网络特征只是为知识共享提供了机会或可能的阻碍。集群网络特征的作用效果还受到集群成员态度的影响。其中集群成员知识共享意愿是影响集群网络特征发挥作用的一个重要因素。

一是知识共享意愿在集群网络密度与知识共享之间的调节影响存在差异。首先，知识共享意愿对网络密度与广度知识共享之间的关系起到积极的调节作用。在网络密度高的集群中，成员企业之间相互交往频繁，接触机会较多，这为集群广度知识共享提供了一个机会和平台。但是这个机会和平台未必带来有效的知识共享，正如前文所说，这个机会的把握和这个平台的利用还需要集群内的成员企业有知识共享的意愿。如果没有知识共享意愿，一方面不会投入知识来共享；另一方面即使有企业愿意投入知识，其他企业也没有学习的意愿。因此，集群中成员企业知识共享意愿越强，集群网络密度越能增强深度知识共享效果。其次，在有较强的知识共享意愿的集群中，集群网络密度对深度知识共享的阻碍作用并没有减轻。可能的原因之一是在高网络密度的集群中，每个成员企业之间的亲密交往和合作，使得他们之间相互了解，相互熟悉，很难有新的知识在他们之间分享，即使有强烈的共享意愿，在集群内部也没有新的知识可供共享。因此，知识共享意愿并没有缓解网络密度对广度知识共享的消极作用。

　　二是知识共享意愿在集群网络程度中心性与知识共享之间有显著的调节影响。首先，知识共享意愿增强了网络程度中心性对深度知识共享的影响程度。根据实证研究结果，高程度中心性的集群为深度知识共享提供了机会和平台，但是光有这样的机会是远远不够的。当成员企业没有共享的意愿时，知识的提供方没有动力去提供知识，而知识获取方也没有动力去学习，这样的机会就未必能够促进深度知识共享。而当每个成员企业都有强烈的共享意愿，他们会投入更多的知识，更主动地与其他企业交流，促进企业间的深度合作，充分利用网络程度中心性的作用，更好地促进知识共享。其次，知识共享意愿缓解了网络程度中心性对广度知识共享的阻碍作用。与高网络密度的集群中的成员企业之间亲密的关系不同，高程度中心性的集群中的成员企业围绕着龙头企业展开活动。一方面，当龙头企业有强烈的知识共享意愿时，他们除了向集群中投入知识外，也会积极地学习集群内外其他企业的知识，这些知识具有多样化的特征；另一方面，当非龙头企业有强烈的共享意愿时，他们在学习龙头企业提供的知识的同时，也会寻求与其他企业的交往，接触到多样化的知识。因此，知识共享意愿有效地缓解了网络程度中心性对广度知识共享的消极作用。

　　三是知识共享意愿在集群网络中介中心性与知识共享之间有显著的调节影响。在集群网络中介中心性影响集群广度知识共享的过程中，成员企业知识共享意愿也会起到重要的作用。首先，高中介中心性的集群网络中存在着较多的结构洞，处于结构洞附近的企业，如果没有知识共享意愿，他们会利用所处的信息优势，根据自己的需要对知识共享进行控制，从而影响了集群的多样化知识的共享；而且如果他们没有共享意愿，为了保持自己优势的结构洞位置，也不会轻易将有价值的信息和知识扩散出去，从而影响到其他成员企业的学习和知识共享效果。相反，如果他们有强烈的知识贡献意愿，就会发挥中介中心位置的信息优势，积极促进不同成员企业之间的知识共享。对于距离中心位置较远的其他成员企业，如果他们没有知识共享意愿，即使有了共享的机会和平台，他们也不会主动去学习。如果他们有强烈的知识共享意愿，必然会抓住其他企业提供的共享机会，有效地进行学习。因此，知识共享意愿增强了网络中介中心性对广度知识共享的影响程度。其次，虽然集群网络中介中心性对集群知识共享效果有一定阻碍作用，但是当集群成员企业有强烈的知识共享意愿，他们会根据自己现有的知识基础，通过共享平台，在多样化知识提供者中发现自己需要的知识，在整个集群网络中容易形成一个半隔离的次级同质网络，从而可以起到深度知识共享的效果。因此，当集群成员企业知识共享意愿较强时，他们也会进行一定程度的深度知识共享。

7.1.3 知识共享意愿与知识共享能力在集群网络特征与集群知识共享之间起调节作用

前面研究的思路是集群网络为集群知识共享提供了机会或限制条件，而知识共享意愿是集群成员企业一种学习态度。但是仅仅具备这两个因素，集群知识共享未必就能够实现。因为即使具备了这两个方面，集群成员企业如果没有共享能力，知识共享行为也很难完成，共享效果也未必理想。因此，本书进一步研究了知识共享意愿与知识共享能力互动的调节影响。根据实证研究结果和本书的理论推演，得到如下的结论。

一是集群中成员企业的知识共享意愿与知识共享能力互动在集群网络密度与知识共享之间起调节影响。一方面，两者互动增强了网络密度对深度知识共享影响程度，即当三者都具备时，即在一个网络密度高的集群中，如果成员企业的知识共享意愿强、共享能力高，集群内部更适合深度知识共享。另一方面，两者互动降低了网络密度对广度知识的影响程度。也就是说，当集群中成员企业有强烈的知识共享意愿，同时又有知识共享能力时，他们不甘心仅仅搜索熟悉的知识，而且会探索较为新颖的知识。

二是集群中成员企业的知识共享意愿与知识共享能力互动在集群网络程度中心性与知识共享之间起调节作用。一方面，研究发现集群中成员企业的知识共享意愿与知识共享能力互动增强了程度中心性对深度知识共享的影响程度。当集群中三者都具备时，集群成员企业间更会进行深度知识共享行为，共享效果也会更好。另一方面，当集群中同时具备三者时，降低了程度中心性对广度知识共享的阻碍程度，但是没有证据表明成员企业会积极参与到广度知识共享中去。

三是集群中成员企业的知识共享意愿与知识共享能力互动在集群网络

中介中心性与知识共享之间起调节作用。一方面，中介中心性对集群广度知识共享有积极影响，而且在集群成员企业有强烈的共享意愿时，这种影响强度将会增加。如果成员企业又具备相应的共享能力，这种影响将会从可能转化为现实。因此，知识共享意愿和知识共享能力的互动增强了网络中介中心性在广度知识共享中的作用。另一方面，具有强烈共享意愿和具备较高的共享能力时，网络中介中心性的作用将会降低对深度知识共享的影响程度。强烈的求知欲望和能力将会突破网络限制，寻求扩大知识搜索范围。

7.1.4 集群知识共享影响集群绩效

根据本书前面的研究，科技型集群的知识共享对集群绩效有着重要的影响。首先，深度知识共享使得企业能够更好地完善现有的产品、弥补技术缺陷、精耕现有市场，这些举措的最直接的效果是提高产品销售收入，降低经营成本，提高集群整体财务绩效。其次，广度知识共享使得成员企业更多地进行跨界搜索，吸收了多样化的知识，这将有利于整个集群进行创新，增加了集群创新绩效。最后，研究中还发现，深度知识共享并没有对集群创新绩效有不利影响，相反，深度知识共享也积极促进了集群创新绩效的提升。可能的原因是在对已有产品、技术完善的过程中也有创新出现，只不过这种创新是渐进式的，而不是激进式的。

7.2 研究贡献

产业集群化发展是一种趋势，系统化的配套设施和相应的鼓励政策，使得江苏省，乃至全国的产业集群迅速发展壮大，对推动地方经济发展起到了重要作用。在各类产业集群中，科技型产业集群更是受到当地政府的重视，希望通过产业集群带动科技创新。产业集群的创新既需要有一定外部信息来源，也需要集群内部有一个知识共享的机制和平台。在当今外部信息来源途径较多，这些信息以及集群内部企业拥有的信息如何有效共享一直是学术界关注和研究的问题。这个问题虽然得到了广泛的关注，并取得了丰硕的研究成果，但是这些研究更多地就集群研究集群，跨学科研究还没有得到广泛的研究，例如从社会网络视角进行研究。本书引入社会网络理论，进行跨学科，具有一定理论贡献和实践价值。

7.2.1　理论贡献

第一，跨学科研究视角具有一定的创新性。表现在两个方面，其一是本项研究从社会网络角度来研究集群知识共享问题，更能揭示集群知识共享方式的选择，更能促进集群知识共享效果。本项研究将产业集群视为一种企业间网络，并提出从社会网络视角来研究产业集群内部的互动行为更能揭示集群运行规律。在此基础上，提出集群网络特征（密度、集中度）是影响集群知识共享效果的关键要素，拓展了产业集群研究的新领域。

第二，研究内容上的贡献。本书重点研究了集群网络特征对集群知识共享影响及影响条件。揭示了知识共享意愿和知识共享能力是发挥集群网络密度和集中度功能重要调节因素。集群网络特征对深度知识共享、广度知识共享的影响程度受到集群成员态度和能力的影响，从而为集群知识共享的研究提供了理论基础。即集群知识共享行为和效果不仅仅取决于集群的网络结构，还受到集群成员共享意愿和能力的影响。三者有效互动才能实现集群最佳的知识共享。

第三，研究方法上的贡献。在构念的测量上，本项研究对集群网络特征的测量上有所创新。与以往研究主要以主观量表测量不同，本项研究采用主客观相结合的方式进行。在对程度中心性和中介中心性测量上，首先是对两个构念的三个题项进行主观的问卷调查，其次是将调查的数据通过网络分析软件进行客观计算，获得两个构念的得分。

7.2.2　实践价值

本书提出将产业集群视为一种社会网络，在实践中更能把握集群运作的本质和规律。将集群视为网络，对集群的管理方、集群成员企业和集群外部利益相关者都有一定的指导意义。

第一，重视集群结构的重构和再造。根据本书的研究结论，不同的网络结构对不同类型的知识共享的影响是有差异的。高网络密度和高程度中心性的集群更适宜于深度知识共享，而高中介中心性集群更便于广度知识共享。由此，集群利益相关者首先识别集群的网络结构特征，根据所处集群的网络特性有针对性地在共享中学习。例如，如果集群网络是高密度的，适宜于企业进行深度知识共享，有利于企业进行利用式学习或创新。同时，管理部门、集群内的龙头企业可以根据需要，重构集群网络结构，实现集群目标。

第二，重视知识共享意愿和知识共享能力在知识共享中的作用。正如前文所说，集群网络结构特征影响知识共享，但是这种影响只是必要条件，而不是充分条件。也就是说，集群网络只是为知识共享提供了一个机会，这个机会的实现还需要有共享意愿和能力。因此在集群实际管理中，管理方和龙头企业需要激发成员企业学习意愿和提高学习能力，只有有了强烈的学习意愿，同时又有相应的吸收能力，才能促进集群知识共享的效果，达到知识共享的目的。例如，可以通过与高校合作、建立共享平台、制定促进组织学习的激励措施等。

第三，确信集群知识共享的重要性。实务界看重的是某种行为的实际作用，之所有现有集群知识共享效果不佳，没有发挥应有的作用原因之一是企业还不能明确知道通过知识共享能够为他们带来什么利益或优势。本书研究结论表明，集群知识共享可以有效地提高集群整体财务绩效和创新绩效。

7.3 研究不足

本书从社会网络视角，采用实证研究的方法对"机会（集群网络）—态度（知识共享意愿）—能力（知识共享能力）—行为（知识共享）"的理论框架进行检验。虽然本书理论构建的部分内容得到了实证研究，但是还有一部内容没有得到检验。无论是得到验证的还是没有得到验证的，都可能是本书研究方法上不足所致，这些不足包括：

第一，样本代表性的不足。本书是以江苏省产业集群为研究对象，而没有做更为广泛的调研，导致样本代表性存在一定的不足。在此基础上进行的实证分析得出的结果可能带有一定的片面性，甚至可能结果相反，在一定程度上影响了本研究结论的外部效度。

第二，数据质量方面的不足。其一，在量表开发方面，本书虽然采用较为成熟的量表，但是量表的环境适应性还有待进一步检验。其二，本书量表绝大多数来自西方文献翻译而来，由于中西文化差异，难免出现一些文化上的歧义，导致被调查者因理解差异来带来误差。其三，本书主要采用主观量表形式进行问卷调查，主观的问卷题项可能导致理解上的差异，从而影响了数据收集的质量和准确性。

第三，研究的理论基础和研究能力的不足。本书只是基于社会网络的视角来研究集群知识共享问题，而基于其他视角的研究未必能够得到相似的结论。同样，由于本人研究能力有限，在问卷设计、样本选择、实地调研、数据整理、具体研究方法的选择等方面未必做到完美，因此研究的结论因为这些方面可能存在着内部效度和外部效度问题。

7.4　将来研究方向

本书研究起到了抛砖引玉的作用，基于社会网络视角的集群知识共享研究还有更为扩宽的空间和机会。

第一，在影响集群知识共享的研究上，本书只是从社会网络的两个特征（密度和集中度）的角度进行分析，未来还可以从可达性、平衡性等方面进一步研究。这些研究可能呈现一种全新的结果，是值得将来进一步去研究的领域。

第二，在影响机制研究上，本书只是对集群网络特征的作用进行了分析，得出集群网络密度、集群网络集中性（程度中心性和中介中心性）对集群知识共享的作用，以及这种影响的条件（调节影响），但是网络密度和网络集中性对集群知识共享的作用机制是什么，是直接作用还是通过其他因素发挥作用，还不是太清楚，是值得将来进一步探讨的内容。

第三，本书研究了集群知识共享的作用，即对集群整体财务绩效和创新绩效的影响，但是并没有进一步探讨这种影响是否具有情境依存性，哪些因素在其中起到调节作用？是环境特征？是知识属性？还是其他什么因素？这些都是需要在将来的研究中一一加以分析的。

参 考 文 献

［1］Adler, P. S., Kwon, S. W. 2002. Social Capital: Prospects for a New Concept ［J］. The Academy of Management Review, 27 (1): 17 – 40.

［2］Ahuja, G., 2000. Collaboration Networks, Structural Holes, and Innovation: A longitudinal Study ［J］. Administrative Science Quarterly, 45 (3): 425 – 455.

［3］Amablie, T. M., 1993. Motivational Synergy: Towards New Concepualizations of Instrinsic and Extrinsic Motivation in the Workplace ［J］. Human Resouce Management Review, 3: 185 – 201.

［4］Anand, B. N., Khanna, T., 2000. Do Firms Learn to Create Value? The Case of Alliances ［J］. Strategic Management Journal, 21 (3): 295 – 315.

［5］Andrew C. Inkpen & Eric W. K. Tsang: Social capital, network, and knowledge transfer. Academy of Management Review, 2005 (30): 146 – 165.

［6］Argote, L., McEvily, B., & Reagans, R., 2003. Managing Knowledge in Organizations: An Integrative Framework and Review of Emerging Themes ［J］. Management Science, 49: 571 – 582.

［7］Argote, L., Devadas, R., & Melone, N., 1990. The Base-rate Fallacy: Contrasting Processes and Outcomes of Group and Individual Judgment ［J］. Organizational Behavior and Human Decision Processes, 46: 296 – 310.

［8］Argyris C., 1994. On Organizational Learning ［M］. Cambridge: Blackwell.

［9］Ashman D., Brown L. D., & Zwick E., 1998. The Strength of Strong and Weak Ties Building Social Capital for the Formation and Governance of Civil Society Resource Organizations ［J］. Nonprofit Management & Leadership, 9

(2): 153 – 171.

[10] Badaraocco, J. L. , 1991, Alliances Speed Knowledge Transfer [J]. Planning Review, (19): 10 – 16.

[11] Barny, J. B. , 1997. Gaining and Sustaining Competitive Advantage [M]. Addison-Wesley: Reading, MA.

[12] Baptista, R. & Swann, P. , 1998. Do Firms in Clusters Innovate More? [J]. Research Poliey, 27 (5): 525 – 540.

[13] Barkema, H. G. , Bell, J. H. J. & Pennings, J. M. , 1996. Foreign Entry, Cultural Barriers, and Learning [J]. Strategic Management Journal, 17 (2): 151 – 166.

[14] Barnes, J. , 1972. Social networks [D]. Addison-Wesley Module in Anthropology, 26 – 29.

[15] Bartol, K. M. , Srivastava, A. , 2002. Encouraging Knowledge Sharing: The Role of Organizational Reward System [J]. Journal of Leadership and Organizational Studies, 9 (1): 64 – 76.

[16] Baum, J. A. C. , Calabrese, T. , & Silverman, B. S. , 2000. Don't Go It Alone: Alliance Network Composition and Startup's Performance in Canadian Biotechnology [J]. Strategic Management Journal, 21: 267 – 294.

[17] Becattini, G. , 1986. Small Firms and Industrial Distriets: The Experience of Italy, Economics International [J]. 39 (2 – 4), May-Aug-Nov: 98 – 103.

[18] Becattini, G. , 1990. The Marshallian Industrial Districts as A Socioeconomic Notion, In Pyke, F. , Becattini, G. & Sengenberger, W. (eds), Industrial Districts and Inter-firm Cooperation in Italy, Geneva: International Institute of Labor Studies, p. 37 – 51.

[19] Bell, G. G. , 2005. Clusters, Networks, and Firm Innovativeness [J]. Strategic Management Journal, 26: 287 – 295.

[20] Benner, M. J. , Tushman, M. , 2003. Exploitation, Exploitation, and Process Management: The Productivity Dilemma Revisited [J]. Academy of Management Review, 28: 238 – 256.

［21］ Bergsman J. , Greenston P. , Healy, R. , 1972. The Agglomeration Process in Urban Growth ［J］. Urban Studies, 9: 263 - 288.

［22］ Berman S. , Heilweg S. , 1989. Perceived Supervisor Communication Competence and Supervisor Satisfaction as A Function of Quality Circle Participation ［J］. The Journal of Business Communication, 26 (1): 103 - 122.

［23］ Bianchi, P. , Bellini, N. , 1991. Public Policies for Local Networks of Innovators ［J］. Research Policy, 20: 487 - 497.

［24］ Bierly III, P. E. , Damanpour, F. , Santoro, M. D. , 2009. The Application of External Knowledge: Organizational Conditions for Exploration and Exploitation ［J］. Journal of Management Studies, 46 (3): 481 - 509.

［25］ Boari, C. , 1999. Industrial Clusters and SMEs Development: An Italian Perspective ［J］. Chang-Mai, World Bank.

［26］ Boari, C. , 2001. Industrial Clusters, Focal Firms and Economic Dynamism ［J］. World Bank Institute.

［27］ Bock G. W. , Kim Y. G. , 2002. Breaking the Myths of Rewards: An Exploratory Study of Attitudes about Knowledge Sharing ［J］. Information Resources Management Journal, 15 (2): 14 - 21.

［28］ Bock, G. W. , Zmud, R. W. , Kim, Y. G. , Lee, J. N. , 2005. Bahavioral Intention Formation in Knowledge Sharing: Examining the Role of Extrinsic Motivators, Social-psychological Forces, and Organizational Climate ［J］. MIS Quarterly, 29 (1): 87 - 111.

［29］ Bolton, M. K. , 1993. Organizational Innovation and Substandard Performance: When Is Necessity The Mother of Innovation? ［J］. Organizational Science, 4 (1): 57 - 75.

［30］ Borgatti, S. & Foster, P. C. , 2003. The Network Paradigm in Organizational Research: A Review and Typology Journal of Management, 29 (6): 991 - 1013.

［31］ Boschma, R. , 2005. Proximity and Innovation: a Critical Assessment ［J］. Regional Studies. 39 (1): 61 - 74.

［32］ Brass, D. J. , Galaskiewica, J. , Greve, H. R. , & Tsai, W. , 2004.

Taking Stock of Networks and Organizations: A Multilevel Perspective [J]. Academy of Management Journal, 47 (6): 795 – 817.

[33] Bresehi. S. & Lissoni, F. , 2001. Localized Knowledge Spillovers versus Innovative Milieux: Knowledge 'Tacitness' Reconsidered [J]. Regional Scienee (80): 255 – 273.

[34] Brown, B. & Butler, E. , 1995. Competitions as Allies: A Study of Entrepreneurial Networks in the U. A. Wine Industry [J]. Journal of Small Business Management, July, 57 – 66.

[35] Burt, R. S. , 1992. Structural Holes: The Social Structure of Competition [J]. Cambridge, MA: Harvard University Press.

[36] Cabrera, A. , Cabrera, E. F. , 2002. Knowledge Sharing Dilemmas [J]. Orgnization Studies, 23: 687 – 710.

[37] Cabrera, A. , Collins, W. C. , & Salgado, J. , 2006. Determinants of Individual Engagement in Knowledge Sharing [J]. international Journal of Human Resource Management, 17: 245 – 264.

[38] Canies, M. C. J. & Romijn H. A. , 2003. What Drives Innovativeness in Industrial Clusters? Transcending the Debate [A]. Presented at The Regional Studies Association International Conferenee. Pisa, Italy.

[39] Charles, W. L. , Hill, Rothaermel, F. T. , 2003. The Performance of Incumbent Firms in The Face of Radical Technological Innovation [J]. Academy of Management Review, 28 (2): 257 – 274.

[40] Chetty, S. , Agndal, H. , 2008. Role of Inter-organizational Networks and Interpersonal Networks in an Industrial District [J]. Regional Studies, 42 (2): 175 – 187.

[41] Choo, A. S. , Linderman, K. W. , Schroeder, R. G. , 2007. Method and Psychological Effects on Learning Behaviors and Knowledge Creation in Quality Improvement Projects [J]. Management Science, 53 (3): 43 – 50.

[42] Christopher, J. C. , Varma, S. , . 1999. Strategic Risk Management: The New Competitive Edge [J]. Long Range Planning, 32 (4): 414 – 424.

[43] Cohen, W. M. , Levinthal, D. A. , 1990. Absorptive Capacity: A

New Perspective on Learning and Innovation [J]. Administrative Science Quarterly, 35: 128 - 152.

[44] Coleman, J. S. , 1988. Social Capital in the Creation of Human Capital [J]. American Journal of Sociology, Supplement, 94: S95 - 120.

[45] Coleman, J. S. , 1990. Foundations of Social Theory. Cambridge [M]. MA: Harvard University Press.

[46] Conner, K. R. , Prahalad, C. K. , 1996. A Resource-based Theory of the Firm: Knowledge versus Opportunism [J]. Organization Science, 7 (5): 477 - 501.

[47] Coombs, R. , Hull, R. , 1998. "Knowledge Management Practices" and Path Dependency in Innovation [J]. Research Policy, 27: 237 - 53.

[48] Cowan, R. , Jonard, N. , 2004. Network Structure and the Diffusion of Knowledge [J]. Journal of Economic Dynamics & Control, 28: 1557 - 1575.

[49] Cross, R. , Cummings, J. N. , 2004. Tie And Network Correlates of Individual Performance in Knowledge-intensive Work [J]. Academy of Management Journal, 47: 928 - 937.

[50] Cummings J. L. , Teng B. S. , 2003. Transferring R&D Knowledge: The Key Factors Affecting Knowledge Transfer Success [J]. Journal of Engineering and Technology Management, 20 (2): 39 - 68.

[51] Darby, M. R. , Zueker, L. G. , 2003. Growing by Leaps and Inches: Creative Destruction, Real Cost Reduction and Inching Up [J]. Economic Inquiry, (41): 1 - 18.

[52] Davenport, T. , Prusak. L. , 1998. Working Knowledge: How Organization Manage What They Know [M]. Harvard Business School Press, Boston, MASS. 胡玮翻译, 知识管理, 台北: 中国生产力中心, 1999.

[53] Dawson, J. F. , Richter, A. W. , 2006. Probing Three-way Interactions in Moderated Multiple Regression.

[54] De Jong, G. , Woolthuis, R. K. , 2008. The Institutional Arrangements of Innovation: Antecedents and Performance Effects of Trust in High-Tech Alliances [J]. Industry & Innovation, 15 (1): 45 - 67.

［55］ Decarolis, D. M. , Deeds, D. L. , 1999. The Impact of Stocks and Flows of Organizational Knowledge on Firm Performance: An Empirical Investigation of the Biotechnology Industry Strategic ［J］. Management Journal, 20: 953 – 986.

［56］ Dittrich, K. , Duysters, G. , Ard-Pieter de Man. , 2007. Strategic repositioning by means of alliance networks: The case of IBM ［J］. Research Policy, 36: 1496 – 1511.

［57］ Dixon, N. M. , 2000. Common Knowledge: How Companies Thrive on Sharing What They Know ［M］. Harvard University Press.

［58］ Dyer J. H. , Singh, H. , 1998. The Relational View: Cooperative Strategy and Sources of Inter-organizational Competitive Advantage ［J］. Academy of Management Review, 23 (4): 600 – 679.

［59］ Easterby-Smith, M. , Lyles, M. A. , Tsang, E. W. K. , 2008. Inter-organizational Knowledge Transfer: Current Themes and Future Prospects ［J］. Journal of Management Studies, 45 (4): 677 – 690.

［60］ Eccles, R. G. , Nohria, N. , 1992. Networks and Orgnizations Structure from and Action ［M］. Harvard Business Press Mass.

［61］ Eriksson, I. V. , Dickson, G. , W. . 2000. Knowledge Sharing in High Technology Companies ［C］. Proceedings of the Third Americas Conference on Information Systems, 2000.

［62］ Ethiraj, S. , Levinthal, D. , 2004. Bounded Rationality and the Search for Organizational Architecture: An Evolutionary Perspective on the Design of Organizations and Their Evolvability. Admin. Sci. Quart. 49: 404 – 437.

［63］ Fang, C. , Lee, J. , Schilling, M. A. , 2010. Balancing Exploration and Exploitation through Structural Design: The Isolation of Subgroups and Organizational Learning ［J］. Management Science, 21 (3): 625 – 642.

［64］ Fiol, C. M. , Leyles, M. A. , Organizational Learning ［J］. The Academy of Management Review, 1985, 10 (4): 803 – 813.

［65］ Fleming, L. , Mingo, S. , Chen, D. , 2007. Collaborative Brokerage, Generative Creativity, and Creative Success ［J］. Administrative Science

Quarterly, 52: 443 - 475.

［66］ Floyd, S. W. , Lane, P. J. , 2000. Strategizing Throughout the Organization: Managing Role Conflict in Strategic Renewal ［J］. Academy of Management Review, 25: 154 - 177.

［67］ Freeman, L. C. , 1979. Centrality in Social Networks: Conceptual Clarification ［J］. Socail Networks, 1: 215 - 239.

［68］ Freeman, L. C. , 1992. Technology Policy and Economic Performance: Lessons from Japan ［M］. London: Frances Pinter.

［69］ Gagne, M. , 2009. A Model of Knowledge-sharing Motivation ［J］. Haman Resource Management, 48: 571 - 589.

［70］ Gereffi, G. , 1999. International Trade and Industrial Upgrading in the Apparel Commodity Chain ［J］. Journal of International Economics, 1 (48): 37 - 701.

［71］ Gibson, C. , Vermeulen, F. , 2003. A Healthy Divide: Subgroups as a Stimulus for Team Learning Behavior ［J］. Administrative Science Quarterly, 48: 202 - 239.

［72］ Gilsing, V. A. , Nooteboom, B. , 2005. Density and Strength of Ties in Innovation Networks: An Analysis of Multimedia and Biotechnology ［J］. European Management Review, 2: 179 - 197.

［73］ Gilsing, V. A. , Lemmens, C. , Duysters, G. , 2007. Strategic Alliance Networks and Innovation: A Deterministic and Voluntaristic View Combined ［J］. Technology Analysis & Strategic Management, 19 (2): 227 - 249.

［74］ Gimeno, J. , 2004. Competition within and between Networks: The Contingent Effect of Competitive Embeddedness on Alliance Formation. Academy of Management Journal, 47 (6): 820 - 842.

［75］ Giovana, C. , Dini, M. , 1999. Small Enterprises Cluster and Network Development in Developing Countries: The Experience of UNIDO, Issues Paper of UNIDO.

［76］ Glynn, Ann, M. , 1996. Innovative Genius: A Framework for Relating Individual and Organizational Individual and Organizational Intelligences to Innovation [J]. Academy of Management Review, 21 (4): 1081 –1111.

[77] Gnyawali, D. R. , Madhavan, R. , (2001). Cooperative Networks and Competitive Dynamics: A Structural Embeddedness Perspective [J]. Academy of Management Review, 26 (3): 431 –445.

[78] Goerzen, A. , 2007. Alliance Networks and Firm Performance: The Impact of Repeated Partnerships [J]. Strategic Management Journal, 28 (5): 487 –509.

[79] Gomes-Casseres, B. Competitive advantage in alliance constellations [J]. Strategic Organization, 11 (3): 327 –335.

[80] Granovetter, M. S. , 1973. The Strength of Weak Ties. American Journal of Sociology, 78: 1360 –1380.

[81] Granovetter, M. S. , 1985. Economic Action and Social Structure: The Problem of Embeddedness [J]. American Journal of Sociology, 91 (3): 481 – 510.

[82] Granovetter, M. S. , 2005. The Impact of Social Structure on Ecomonic Outcomes [J]. Journal of Economic Perspectives, 19: 33 –50.

[83] Giuliana, E. , 2003. Knowledge in the Air and Its Uneven Distribution: A Story of a Chilean Wine Cluster [N]. Conference Paper for DRUID's Winter Conference, (2): 132 –131.

[84] Giuliani, E. , 2006. The Selective Nature of Knowledge Networks in Clusters: Evidence from the Wine Industry [J]. Journal of Economic Geography, (7): 139 –168.

[85] Grabher, G. , 1993. The Weakness of Strong Ties: the Lock-in of Regional Development in Ruhr Area [A]. Grabher, G. , The Embedded Firm: on the Socioeconomics of Industrial Networks [C]. London: Routledge, 255 – 277.

[86] Guerrieri, P. , Pietrobelli, C. , 2001. Models of Industrial Districts Evolution and Changes in Technological Regimes, Paper Prepared for the DRUID Summer Conference.

[87] Gulati, R. , 1995. Social Structure and Alliance Formation Patterns:

A Longitudinal Analysis. Administrative Science Quarterly, 40: 619 – 652.

[88] Gulati, R., 1998. Alliances and Networks [J]. Strategic Manage-ment Journal, 19 (4): 293 – 317.

[89] Gulati, R., 1999. Network Location and Learning: The Influence of Network Resources and Firm Capabilities on Alliance Formation [J]. Strategic Management Journal, 20 (5): 397 – 420.

[90] Gupta, A. K., Govindarajan, V., 1986. Decentralization, Strate-gy, and Effectiveness of Strategic Business Units in Multibusiness Organizations [J]. Academy of Management Review, 11 (4): 844 – 856.

[91] Gupta A. K., Govindarajan V., Knowledge Flows within Multination-al Corporations [J]. Strategic Management Journal, 2000, 21 (4): 473 – 96.

[92] Gupta, A. K., Govindarajan, V., 2000. Knowledge Flows within Multinational Corporations [J]. Strategic Management Journal, 21 (4): 473 – 96.

[93] Gupta, A. K., Smith, K. G., Shalley, C. E., 2006. The Interplay between Exploration and Exploitation [J]. Academy of Management Journal, 49 (4): 693 – 706.

[94] Hagedoorn, J., Osborn, R. N., 1997. The Institutionalisation and Evolutionary Dynamics of Interorganizational Alliances and Networks [J]. Acad-emy of Management Journal, 40 (2): 261 – 278.

[95] Hakansson, H., Ford, D., 2002. How Should Companies Interact in Business Networks? [J]. Journal of Business Research, 55 (2), 133 – 139.

[96] Hamel, G., Prahalad, C. K., 1989. Strategic Intent [J]. Harvad Business Review, 67, May-June, 63 – 76.

[97] Hamel, G., Prahalad, C. K., 1994. Competing for the Future [M]. Boston, MA: Harvard Business School Press.

[98] Hansen, M. T., 2002. Knowledge Networks: Explaining Effective Knowledge Sharing in Multi-unit Companies [J]. Organ Sci, 13 (3): 232 – 48.

[99] Hansen, M. T., Nohria, N., Tierney, T., 1999. What's Your Strategy for Managing Knowledge? [J]. Harvard Business Review, (2): 77.

[100] Harrison, B., 1991. Industrial Districts: Old Wine in New Bottles?

[J]. Regional Studies, (26): 469 – 483.

[101] Harryson, S. J. , Dudkowski, R. , Stern, A. , 2008. Transformation Networks in Innovation Alliances – The Development of Volvo C70 [J]. Journal of Management Studies, 45 (4): 745 – 773.

[102] Henderson, R. , Clark, K. , 1990. Architectural Innovation: The Reconfiguration of Existing Product Technologies and the Failure of Established Firms [J]. Administration Science Quarterly (35): 9 – 30.

[103] Hendrikes, P. , 1996. Why Share Knowledge? The Influence of ICT on Motivation for Knowledge Sharing [J]. Knowledge and Process Management, 6 (2): 91 – 100.

[104] Hipp, C. , Grupp, H. , 2005. Innovation in The Service Sector: The Demand Foxservice-Specific Innovation Measurement Concepts and Typologies [J]. Research Policy, 34 (2): 517 – 535.

[105] Hitt, M. A. , Hoskisson, R. E. , Kim. H. , 1997. International Diversification: Effects on Innovation and Firm Performance in Product-diversified firms [J]. Academy of Management Journal, 40 (4): 767 – 798.

[106] Huber, F. , 2011. Do Clusters Really Matter for Innovation Practices in Information Technology? Questioning the Significance of Technological Knowledge Spillovers [J]. Journal of Economic Geography, 12: 107 – 126.

[107] Ingram, P. , Roberts, P. , "Friendships among Competitors in the Sydney Hotel Industry. " American Journal of Sociology, 2000, 106: 387 – 423. Inkpen, A. C. , Tsang, E. W. K. , 2005. Social Capital, Networks, And Knowledge Transfer [J]. Academy of Management Review, 30 (1): 146 – 165.

[108] Jaffe, A. B. , Trajtenberg, M. , Henderson, R. , 1993. Geographic Localization of Knowledge Spillovers as Evidenced by Patent Citations [J]. Quarterly Journal of Economies, 108 (3): 577 – 598.

[109] Jansen, J. J. , Van den Bosch, A. J. , Volberda, H. W. , 2006. Exploratory Innovation, Exploitative Innovation, and Performance: Effects of Organizational Antecedents And Environmental Moderators [J]. Management Science, 52 (11): 1661 – 1674.

［110］Jansen, J. J. , Van den Bosch, A. J. Volberda, H. W. , 2005. Managing potential and realized absorptive capacity: how do organizational antecedents matters? ［J］. Academy of Management Journal, 48 (6): 999 – 1015.

［111］Jones, C. , Hesterly, W. S. , Borgatti, S. P, . 1997. A General Theory of Network Governance: Exchange Conditions and Social Mechanisms ［J］. Academy of Management Review, 22 (4): 911 –945.

［112］Kale, P. , Singh, H. , Perlmutter, H. , 2000. Learning and Protection of Proprietary Assets in Strategic Alliances: Building Relational Capital ［J］. Strategic Management Journal, 21 (3): 217 –237.

［113］Kane, G. C. , Alavi, M. , 2007. Information Technology and Organizational Learning: An Investigation of Exploration and Exploitation Processes ［J］. Organization Science 18 (5): 796 – 812.

［114］Kang, K. H. , Jina, K. , 2010. Does Partner Type Matter in R&D Collaboration for Product Innovation? ［J］. Technology Analysis & Strategic Management, 22 (8): 945 –959.

［115］Keeble D. , Lawson C. , Moore B. , Wilkinson F. 1999. Collective Learning Processes, Networking and Institutional Thickness in the Cambridge Region, Regional Studies, 33 (4): 319 –329.

［116］Keeble, D. , Wilkinson, F. , 2000. High-technology Cluster, Networking and Collective Learning in European ［C］. Ashgate Aldershot.

［117］Knoke, D. , Kuklinski, J. , 1982. Network analysis. Beverly Hills: Sage.

［118］Kogut, B. , Zander. U. , 1993. Knowledge of the Firm and the Evolutionary Theory of the Multinational Corporation ［J］. Journal of International Business Studies, (4): 625 – 643.

［119］Kogut, B. , Zzender U. , 1992. Knowledge of the Firm, Combinative Caperbilities, and the Replication of Technology ［J］. Organization Science, 3 (8): 383 –397.

［120］Koka, B. R. , 2002. Strategic Alliances as Social Capital: A Multidimensional View ［J］. Strategic Management Journal, 23: 795 – 816.

［121］ Kostova, T. & Roth, K., 2003. "Social Capital In Multinational Corporation and A Micro-Macro Model of Its Formation", ［J］. Academy of Management Review, 28 (2): 297 – 317.

［122］ Kraatz, M. S., 1998. Learning by Association? Interorganiztional Networks and Adaptation to Environmental Change ［J］. Academy of Management Journal, 41: 621 – 643.

［123］ Krackhardt, D., 1994. Graph Theoretical Dimensions of Informal Organizations ［J］. In K. Carley and M. Prietual (eds.), Computational Organizational Theory, 89 – 110.

［124］ Krackhardt, D., Porter, L., W., 1985. When Friends Leave: A Structural Analysis of the Relationship Between Turnover and Stayer's Attitudes ［J］. Administrative Science Quarterly, 30: 242 – 261.

［125］ Krugman, P., 1991. Increasing Returns and Economic Geography ［J］. Journal of Political Economy, (99): 483 – 499.

［126］ Lane, P. J., Lubatkin, M., 1998. Relative Absorptive Capacity and Interorganizational Learning ［J］. Strategic Management Journal, 19 (5): 461 – 477.

［127］ Laursen, K., Salter, A., 2006. Open for Innovation: The Role of Openness in Explaining Innovation Performance among U. K. Manufacturing Firms ［J］. Strategic Management Journal, 27 (2): 131 – 150.

［128］ Lavie, D., Rosenkopf, L., 2006. Balanceing Exploration and Exploitation in Alliance Formation ［J］. Academy of Management Journal, 49 (4): 797 – 818.

［129］ Law, D. Y., Partridge J. E., 2002. Towards a Strategy for Sensemaking of Empirical Knowledge Management Perceptions: The TFL Methodology, Proceedings of The 36th Hawaii International Conference On System Sciences.

［130］ Lawless, M. W., Anderson, P. C., 1996. Generational Technological Chance: Effects of Innovation and Local Rivalry on Performance ［J］. Academy of Management Journal, 39 (5): 1185 – 1217.

［131］ Leana, C. R., Van Buren H. J., 1999. Organizational Social Capital and Employment practices Carrier [J]. Academy of Management Journal, 24 (3): 538 –555.

[132] Lee. J. , Lee, H. , 2003. Exploration And Exploitation in The Presence of Network Externalities [J]. Management Science, 49 (4): 553 –570.

[133] Lee, J. N. , 2001. The Impact of Knowledge Sharing, Organizational Capability And Partnership Quality on IS Outsourcing Success, Information & Management, 38 (5): 323 –335.

[134] Leonard, D. , Sensiper, S. , 1998. The Role of Tacit Knowledge in Group Innovation [J]. California Management Review: The Special Issue on Knowledge and the Firm, 40 (3): 112 –132.

[135] Levin, D. Z. , Cross, R. , 2004. The Strength of Weak Ties You Can Trust: The Mediating Role of Trust in Effective Knowledge Transfer [J]. Management Science 50 (11): 1477 –1490.

[136] Li, H. Y. , Atuahene-Gima, K. , 2001. Product Innovation Strategy And The Performance of New Technology Ventures in China [J]. Academy of Management Journal, 44 (6): 1123 –1134.

[137] Lin, M. Q. , Kuo, J. H. , 1995. The Influence of Social Capital on Cluster-Based Knowledge Sharing and Value Creation: An Empirical Analysis of the Hsinchu Science-based Industrial Park in Taiwan [J]. Management Review of FuRen, 13 (3): 1 –38.

[138] Lynn, M. , F. Fulvia. Local Clusters, Innovation Systems and Sustained Competitiveness [R]. Discussion Papers from United Nations University, Institute for New Technologies, The Netherlands, 2000.

[139] Macke J. , Vallejos R. V. , Faccin K. , Social Capital in Collaborative Networks Competitiveness: The Case of The Brazilian Wine Industry Cluster [J]. International Journal of Computer Integrated Manufacturing, 2013, 26 (1 –2): 117 –124.

[140] March, J. G. , 1991. Exploration and Exploitation in Organizational Learning [J]. Management Science, 2 (1): 71 –87.

[141] Markusen, A. Trade as a regional development issue: Policies for job

andcommunity preservation, In Trading industries, trading regions, ed. H, Noponen, J. Graham, and A. Markusen, London: Guilford Press, 1993: 285 - 302.

[142] Martin, R. E & Sunley, P. , 1996. Paul Krugman's Geographical Economies and Its Implications for Regional Development Theory: A Critical Assessment [J]. Economic Geography, 72: 259 - 292.

[143] Mc Cann, P. , 1995. Rethinking the Economies of Location and Agglomeration [J]. Urban Studies, (32): 563 - 577.

[144] McCann, P. , 1998. The Economics of Industrial Location: A Logistics Costs Approach [M]. Heidelberg: Springer.

[145] McEvily, B. , Zaheer, 1999, A. Bridging Ties: A Source of Firm Heterogeneity in Competitive Capabilities [J]. Strategic Management Journal, 20 (12): 1133 - 1156.

[146] Mitchell, C. J. , 1969. The Concept and Use of Social Networks [M]. Manchester University Press.

[147] Miller, K. D. , Zhao, M. , Calantone, . R. J. , 2006. Adding Interpersonal Learning and Tacit Knowledge to March's Exploration-exploitation Model. Academy of Management Journal, 49: 709 - 722.

[148] Moodysson, J. , Jonsson, O. , 2007. Knowledge Collaboration and Proximity—the Spatial Organization of Biotech Innovation Project [J]. European Urban and Regional Studies, 14 (2): 115 - 131.

[149] Nakato, T. , 2002. A Paradox of Embededdness—Social Network Analysis of a Japanese Industrial District [D]. Columbia University.

[150] Nahapiet, J. , Ghoshal, S. , 1998. Social Capital, Intellectual Capital And The Organizational Advantage [J]. Academy of Management Review, 23: 242 - 266.

[151] Nickerson, J. A. , T. R. Zenger. , 2002. Being Efficiently Fickle: A Dynamic Theory of Organizational Choice [J]. Organization Science, 13 (5): 547 - 566.

[152] Nohria, N. , 1992. Is A Network Perspective A Useful Way of Stud-

ying Organizations? In N. Nohria & R. G. Eccles (Eds.), Networks and Organizations: Structure, Form and Action (pp. 1 – 22). Boston: Harvard Business School Press.

[153] Nonaka, I. , Takeuehi, H. , 1995. The Knowledge-creating Company: How Japanese Companies Create the Dynamics of Innovation [M]. New York: Oxford University Press.

[154] Nonaka, I. , Toyma, R. , Nagata, A. , 2000. A Firm as A Knowledge-creating Entity: A New Perspective on The Theory of The Firm [J]. Industrial and Corporate Change, v. 9 (1): 1 – 20.

[155] Nonaka, I. & Teece, D. , 2001. Managing Industrail Knowledge: Creation, Transfer And Utilization [M]. Hardback: Sage Publication.

[156] Nooteboom, B. , 1999. Inter-Firm Alliances: Analysis and Design. London: Routledge.

[157] Oh, H. , Lablanca, G. , Chung, M. H. , 2006. A Multilevel model of Groupsocial Capital [J]. Academy of Management Review, 31 (3): 569 – 582.

[158] Baum, A. C. , Oliver, C. , 1991. Institutional Linkages and Organizational Mortality [J]. Administrative Science Quarterly 36: 187 – 218.

[159] Osborn, R. N. , Hagedoorn, J. , 1997. The Institutionalization and Evolutionary Dynamics of Interorganizational Alliances and Networks [J]. Academy of Management Journal, 40 (2): 261 – 278.

[160] Ostrom, E. , and T. K. Ahn. 2003. Foundations of social capital. Edward Elgar Publishing, Cheltenham, UK.

[161] Owen-Smith, J. , Powell, W. W. , 2002. Knowledge Networks in The Boston Biotechnology Community [C]. Conference on Science as An Institution And The Institutions of Science, Siena.

[162] Padmore, T. , Gibson, H. , 1998. Modelling Systems of Innovation II: A Framework for Industrial Cluster Analysis in Regions [J]. Research Policy, v. 22 (6): 625 – 632.

[163] Paniccia, I. One hundred thousands of industrial districts [M]. Org-

niztional variety in local networks of small and medium-size denterprises-includes appendix-Special Issue: The Organizational Texture of Inter-firm Relations Organization Studies Fall, 1998.

[164] Phelps, C. C., 2010. A Longitudinal Study of the Influence of Alliance Network Structure and Composition on Firm Exploratory Innovation [J]. Academy of Management Journal, 53 (4): 890 – 913.

[165] Pisano, G. P., 1990. The Research-and-development Boundaries of The Firm-An Empirical-analysis. Administrative Science Quarterly, 35 (1): 153 – 176.

[166] Podolny, J., Page, K.. 1998. Network Forms of Orgnization [J]. Annual Review of Sociology, 24: 57 – 76.

[167] Polany, K., 1968. The Self-regulating Market and the Fictitious Commodities: Land, Labor, and Money [M]. Boston: Beacon Press, 26 – 38.

[168] Polanyi, K., Arensberg, C., 1957. "The Economy as Instituted Process" in Trade and Market in Early Empires. The Free Press.

[169] Porter, M. E., 1998. Cluster And The New Economics of Completion [J]. Harvard Business Review, 76 (6): 77 – 90.

[170] Powell, W. W., 1990. Neither Market Nor Hierarchy: Network Forms of Organization [J]. Research in Organization Behavior, (12).

[171] Prahalad, C. K., Hamel, G., 1990. The Core Competence of Corporation [J]. Harvard Business Review, 68 (3): 79 – 81.

[172] Pyke, F. G., Becattini, G., Sengenberger. W., eds. 1992. Industrial Districts and Inter-firm. Cooperation in Italy. (Geneva: International Institute for Labour Studies).

[173] Ranft, A. L., Lord, M. D., 2002. Acquiring New Technologies and Capabilities: A Grounded Model of Acquisition Implementation [J]. Organiztion Science, 13 (4): 420 – 441.

[174] Reagans, R. E., Zuckerman, E. W., 2008. Why Knowledge Does Not Equal Power: The Network Redundancy Trade Off [J]. Industrial and Corporate Change, 17 (5): 903 – 944.

[175] Reagans, R. E. , Zuckerman, E. W. , 2001. Networks, Diversity And Productivity: The Social Capital of Corporate R&D Teams, Organization Science, 12 (4): 502 –517.

[176] Rowley, T. J. , 1997. Moving beyond Dyadic Ties: A Network Theory of Stakeholder Influences [J]. Academy of Management Review, 22 (4): 887 –910.

[177] Ruggles, R. , 1998. The State of the Notion: Knowledge Management in Practice [J]. The Knowledge Management Yearbook, 40 (3): 80 –89.

[178] Saxenian, A. , Jinn-Yuh Hsu. , 2000. The Silicon Valley-Hsinchu Connection: Technical Communities and Industrial Upgrading [C]. International Symposium on "East Asian Economy and Japanese Industry at a Turning Point", Tokyo, Japan, June 16 –17.

[179] Saxenian, A. , 1994. Regional Advantage: Culture and Competition in Silicon Valley and Route 128, Cambridge (MA): Harvard University Press.

[180] Schmitz, H. , 1999. Global Competition and Local Cooperation: Success and Failure in the Sinos Valley, Brazil [J]. World Development, 27 (6): 1627 –1650.

[181] Schilling, M. S. , Phelps, C. C. , 2007. Interfirm Collaboration Networks: The Impact of large-scale Network Structure on Firm Innovation [J]. Management Science, 53 (7): 1113 –1126.

[182] Shrader, C. B. , Lincoln, J. R. , Hoffman, A. N. , 1989. The Network Structures of Organiztions-Effects of Task Contingencies and Distributional Form [J]. Human Relations, 42 (1): 43 –66.

[183] Scott, A. J. , 1988. Flexible Production Systems and Regional-Development—the Rise of New Industrial Spaces in North-America and Western-Europe [J]. International Journal of Urban and Regional Research, 12 (2): 171 –186.

[184] Scott, A. J. , 2004. A Perspective of Economic Geography [J]. Journal of Economic Geography, 4 (5): 479 –499.

[185] Senge, P. M. , 1998. Sharing Knowledge [J]. Executive Excellence,

15 (6): 11 – 12.

[186] Siggelkow, N. , Levinthal, D. , 2003. Temporarily Divide to Conquer: Centralized, Decentralized, And Reintegrated Organizational Approaches to Exploration And Adaptation [J]. Organization Science, 14 (6): 650 – 669.

[187] Siggelkow, N. , Levinthal, D. , 2005. Escaping Real (non-benign) Competency Traps: Linking the Dynamics of Organizational Structure to The Dynamics of Search [J]. Strategic Organization, 3: 85 – 115.

[188] Siggelkow, N. , Rivkin, J. , 2005. Speed And Search: Designing Organizations for Turbulence And Complexity [J]. Organization Science, 16 (2): 101 – 122.

[189] Simonin, B. L. , 1999. Ambiguity and the Process of Knowledge Transfer in Strategic Alliances [J]. Strategic Management Journal, (9): 595 – 623. manege.

[190] Suarez, F. F. , 2005. Network Effects Revisited: The Role of Strong Ties in Technology Selection [J]. Academy of Management Journal, 48 (4): 710 – 720.

[191] Stamer, J. M. , 2003. Understanding the Determinants Vibrant Business Development: The Systemic Competitiveness Perspective [R]. Draft Paper, www. mesopartner. com.

[192] Stigler, G. J. , 1951. The Division of Labor Is Limited by The Extent of The Market [J]. Journal of Political Economy, 59 (3): 185 – 193.

[193] Swann, P. , Baptista, R. , 1998. Do Firms in Cluster Innovate More? [J]. Research Policy, 27 (5): 527: 542.

[194] Swann, P. , Prevezer, M. , 1996. A Comparison of the Dynamics of Industrial Clustering in Computing and Biotechnology [J]. Research Policy, 25: 139 – 1157.

[195] Szulanski, G. , Jensen, R. J. , Lee T. , 2003. Adaption of Knowhow for Cross-border Transfer [J]. Management International Review, 43 (3): 131 – 150.

[196] Szulanski G. Exploring internal stickiness: impediments to the trans-

fer of best practice within the firm [J]. Strategic Management Journal, 1996, 17: 27 – 43.

[197] Taplin L M., 2011. Network Structure and Knowledge Transfer in Cluster Evolution [J]. International Journal Organizational Analysis, 19 (2): 127 – 145.

[198] Teece, D. J., Gapypisa, Shuen, A., 1997. Dynamic Capabilities and Strategic Management [J]. Strategic Management Journal, 18: 7, 509 – 533.

[199] Teece D. J., Pisano, G., Shuen, A., 1997. Dynamic Capabilities and Strategic Management [J]. Strategic Management Journal, 18: 7, 509 – 533.

[200] Terziovski, M., 2010. Innovation Practice And Its Performance Implications in Small And Medium Enterprises (SMEs) in The Manufacturing Sector: A Resource-based View [J]. Strategic Management Journal, 31 (8): 892 – 902.

[201] Theo. J. A., Rolelandt, Hertog, P., 2000. Growth in Industrial Cluster. Abffds Eyeview of the United Kingdom [R]. Siepr Dicussion Paper, 4: 35 – 38.

[202] Theo Roelandt & Pimden Hertog. Cluster Analysis & Cluster-Based Policy in OECD-Countries. OECD Report, 1998.

[203] Tiwana, A., 2008. Do Bridging Ties Complement Strong Ties? An Empirical Examination of Alliance Ambidexterity [J]. Strategic Management Journal, 29: 251 – 272.

[204] Tracey P. Clark G. L. Networks and Competitive Strategy: Rethinking Clusters of Innovation [J]. Growth & Change, 2003, 34 (1).

[205] Tsai, W., 2001. Knowledge Transfer in Interorganizational Networks: Effects of Network Position and Absorptive Capacity on Business Unit Innovation And Performance [J]. Academy of Management Journal, 44 (5): 996 – 1004.

[206] Tsai, W., Ghoshal, S., 1998. Social Capital and Value Creation: An Empirical Study of Intra-firm Networks [J]. Academy of Management Journal, 41 (4): 464 – 476.

[207] Uzzi, B., 1997. Social Structure and Competition in Interfirm Net-

works: The Paradox of Embeddedness [J]. Administrative Science Quarterly, 42: 35 – 67.

[208] Uzzi, B., Lancaster, R., 2003. Relational Embeddedness And Learning: The Case of Bank Loan Managers And Their Clients [J]. Management Science, 49 (4): 181 – 199.

[209] Uzzi, B., Spiro, J., 2005. Collaboration And Creativity: The Small World Problem [J]. American Journal of Sociology, 111 (2): 447 – 504.

[210] Vanhaverbeke, W., Gilsing, V., Beerkens, B., Duysters, G., 2009. The Role of Alliance Network Redundancy in The Creation of Core And Non-core Technologies [J]. Journal of Management Studies, 46 (2): 215 – 244.

[211] Von Hippel, E. Sticky Information and the Locus of Problem Solving: Implications for Innovation [J]. Management Science, 1994, 40 (4), 429 – 439.

[212] Walker, G., Kogut, B., Shan, W., 1997. Social Capital, Structural Holes And The Formation of An Industry Network [J]. Organization Science, 8 (2): 109 – 125.

[213] Walter, J., Lechner, C., Kellermanns, F. W., 2007. Knowledge Transfer between And within Alliance Partners: Private versus Collective Benefits of Social Capital [J]. Journal of Business Research, 60: 698 – 710.

[214] Watts, D., Strogatz, S., 1998, Collective Dynamics of "Small-world" Newtorks [J]. Nature, 393 (4): 440 – 442.

[215] Wellman, B., 1988. Structural Analysis: From Method and Metaphor to Theory and Substance. In Wellman, T., and Berkowitz, S. D. (Eds.), Social Structures: A Network Approach. Cambridge: Cambridge University Press.

[216] Wissenma, J. G., Euser, L., 1991. Successful Innovation through Inter-company Networks [J]. Long Range Planning, 24 (6): 33 – 39.

[217] Yli-Renko, H., Autio, E., Tontti, V. 2002. Social capital, knowledge, and the international growth of technology based new? International Business Review, 11 (3), 279 – 304.

[218] Zaheer, A., Bell, G. G., 2005. Benefiting from Network Position:

Capabilties, Structural Holes And Performance [J]. Strategic Management Journal, 26 (9): 809 – 825.

[219] Zander, U., Kogut, B., 1995. Knowledge and the Speed of the Transfer and Imitation of Organizational Capabilities: An Empirical Test, Organization Science, 6: 76 – 92.

[220] Zhang, Y., Li, H., 2010. Innovation Search of New Ventures in A Technology Cluster: The Role of Ties with Service Intermediaries [J]. Strategic Management Journal, 361 (1): 88 – 109.

[221] 安纳利·萨克森. 1999. 地区优势: 硅谷和 128 公路地区的文化和竞争 [M]. 上海远东出版社.

[222] 白仲英. 基于资源基础理论的产业集群竞争优势分析 [J]. 当代经济科学, 2003 (3): 45 – 49.

[223] 彼得·德鲁克. 1998. 后资本主义社会 [M]. 张星岩译. 上海译文出版社.

[224] 彼得·德鲁克. 1999. 知识管理 [M]. 中国人民大学出版社.

[225] 边燕杰, 邱海雄. 企业社会资本及其功效 [J]. 中国社会科学, 2000 (2): 87 – 99.

[226] 边燕杰. 社会资本研究 [J]. 学习与探索, 2006 (2): 39 – 40.

[227] 边燕杰. 网络观点与调查发现 [J]. 中国社会科学, 2004 (3): 45 – 57.

[228] 边燕杰. 找回强关系: 中国的间接关系、网络桥梁和求职 [J]. 国外社会学, 1998 (2): 366 – 385.

[229] 蔡铂, 聂鸣. 社会网络对产业集群技术创新的影响 [J]. 科学学与科学技术管理, 2003 (7): 57 – 60.

[230] 蔡宁, 杨门柱. 基于企业集群的工业园区发展研究 [J]. 中国农村经济. 2003 (5): 53 – 59.

[231] 蔡宁, 吴结兵. 企业集群的竞争优势: 资源的结构性整合 [J]. 中国工业经济, 2004 (5): 53 – 59.

[232] 蔡宁, 吴结兵, 殷鸣. 产业集群复杂网络的结构域功能分析 [J]. 经济地理, 2006, 26 (3): 378 – 382.

［233］常宝，储雪林，李红艳．试论粘滞知识及其管理对策［J］．科学学研究，2005（4）：249 – 251.

［234］常荔，邹珊刚，李顺才．基于知识链的知识扩散的影响因素研究［J］．科研管理，2001，22（5）：122 – 127.

［235］曹丽莉．产业集群网路结构的比较研究［J］．中国工业经济，2008（8）：143 – 152.

［236］陈菲琼．我国企业与跨国公司知识联盟的知识转移层次研究［J］．科研管理，2001（2）：66 – 73.

［237］陈金丹，胡汉辉，杨煜．基于网络视角的产业集群知识演化研究［J］．科学学研究，2011（1）：91 – 96.

［238］陈伟丽，王雪原．产业集群网络结构与创新资源配置效率关系分析［J］．科技与管理．2009（5）：63 – 66.

［239］陈要立．基于社会网络视角的产业集群技术学习研究［J］．科技进步与政策，2009，26（20）：170 – 173.

［240］程新章．全球价值链治理模式——模块生产网络研究［J］．科技进步与对策，2006（5）：5 – 7.

［241］储小平，李桦．中小企业集群理论研究述评［J］．学术研究，2002（5）：60 – 63.

［242］邓丹，李南，田慧敏．加权小世界网络模型在知识共享中的应用研究［J］．研究与发展管理，2006（8）：62 – 66.

［243］董小英，知识优势的理论基础与战略选择［J］．北京大学学报（哲学社会科学版），2004（4）：37 – 45.

［244］窦红宾，王正斌．网络结构、知识资源获取对企业成长绩效的影响——以西安光电子产业集群为例［J］．研究与发展管理，2012（2）：44 – 52.

［245］段光，黄彦婷，杨忠．基于交换资源理论的信任与知识共享研究［J］．情报理论与实践，2014（1）：40 – 45.

［246］段光，杨忠．知识异质性对团队创新的作用机制分析［J］．管理学报，2014（1）：86 – 94.

［247］樊钱涛．产业集群的知识溢出和知识获［J］．工业技术经济，

2006 (12): 70 – 71.

[248] 樊治平, 欧伟, 冯博, 孙永洪. 组织知识共享能力的测评与识别方法 [J]. 科研管理, 2008 (3): 62 – 66.

[249] 范群林, 邵云飞, 唐小我, 王剑峰. 结构嵌入性对集群企业创新绩效影响的实证研究 [J]. 科学学研究, 2010 (10): 1892 – 1900.

[250] 范太胜, 基于产业集群创新网络的协同创新机制研究 [J]. 中国科技论坛, 2008 (7): 26 – 30.

[251] 盖文启, 2001. 新产业区发展的区域创新网络机制研究 [D]. 北京大学博士论文.

[252] 关涛, 2006. 跨国公司内部知识转移过程与影响因素的实证研究 [M]. 复旦大学出版社.

[253] 冯峰, 王凯. 产业集群内知识转移的小世界网络模型分析 [J]. 科学学与科学技术管理, 2007 (7): 88 – 91.

[254] 符正平. 论企业集群的产生条件与形成机制 [J]. 中国工业经济, 2002 (10): 20 – 26.

[255] 符正平, 曾素英. 集群产业转移中的转移模式和行动特征——基于企业社会网络视角的分析 [J]. 管理世界, 2008 (12): 83 – 92.

[256] 盖文启. 2001. 新产业区发展的区域创新网络机制研究 [D]. 北京大学博士论文.

[257] 洪银兴, 陈宝敏. "苏南模式" 模式的新发展——兼与 "温州模式" 比较 [J]. 宏观经济研究, 2001 (7): 32 – 34.

[258] 胡汉辉, 潘安成. 组织知识转移与学习能力的系统研究 [J]. 管理科学学报, 2006 (3): 81 – 87.

[259] 胡婉丽. 知识在组织内传播的复杂网络模型: 算法及模拟 [J]. 运筹与管理, 2008 (5): 150 – 154.

[260] 吉敏, 胡汉辉. 学习渠道、集群供应链知识网络与企业创新绩效关系研究——来自常州产业集群的实证 [J]. 科技进步与对策, 2014, 31 (18): 73 – 79.

[261] 金辉, 杨忠, 冯帆. 基于社会资本理论的组织内知识共享对策 [J]. 大连海事大学学报 (社会科学版), 2011, 10 (2): 26 – 29.

[262] 金燕虹. 苏南产业集群发展的路径选择 [J]. 生产力研究, 2005 (1): 102 - 103.

[263] 科尔曼. 1990. 社会理论的基础 [M]. 社会科学文献出版社.

[264] 李继宏. 强弱之外——关系概念的再思考 [J]. 社会学研究, 2003 (3): 42 - 50.

[265] 李长玲. 知识管理绩效的模糊评价 [J]. 情报科学, 2006, 24 (2): 185 - 188.

[266] 李剑力. 探索性创新、开发性创新及其平衡研究前沿探究 [J]. 外国经济与管理, 2009, 31 (3): 23 - 29.

[267] 李军林. 乡镇企业的组织结构分析——以"苏南模式"为例 [J]. 经济研究参考, 1998 (25): 39 - 40.

[268] 李凯, 李世杰. 装备制造业集群网络结构研究与实证 [J]. 管理世界, 2004 (12): 68 - 76.

[269] 李文博. 2009. 企业知识网络复杂系统的结构与演化——产业集群情境下的实证研究 [D]. 浙江工商大学.

[270] 李文博, 郑文哲, 刘爽. 产业集群中知识网络结构的测量研究 [J]. 科学学研究, 2008, 26 (4): 788 - 792.

[271] 梁娟, 陈国宏, 蔡猷花. 产业集群知识网络绩效研究 [J]. 统计与决策, 2015 (1): 73 - 76.

[272] 廖飞, 冯帆, 杨忠. 组织激励与员工的信息工作产出: 以知识属性作为调节变量 [J]. 经济管理, 2008 (1): 11 - 16.

[273] 连远强. 集群与联盟、网络与竞合: 国家级扬州经济技术开发区产业创新升级研究 [J]. 经济地理, 2013, 33 (3): 106 - 111.

[274] 林南. 社会资本: 争鸣的范式和实证的检验 [J]. 香港社会学学报, 2001 (2): 1 - 38.

[275] 林南著, 张磊译. 2005. 社会资本——关于社会结构与行动的理论 [M]. 上海人民出版社.

[276] 林敏, 李南, 陈婷婷. 基于复杂网络的知识转移模拟与分析 [J]. 系统工程, 2009 (3): 115 - 118.

[277] 林润辉, 张红娟, 范建红. 基于网络组织的协作创新研究综述

[J]. 管理评论, 2013 (6): 31 – 46.

[278] 刘军著. 2004. 社会网络分析导论 [M]. 北京: 社会科学文献出版社.

[279] 罗家德, 郑孟育. 实践性社群内社会资本对知识分享的影响 [J]. 江苏社会科学, 2007 (3): 121 – 151.

[280] 罗家德, 赵延东. 2005. 社会资本的层次及其测量方法 [M]. 社会科学文献出版社.

[281] 刘汴生, 王凯. 企业集群网络结构及其绩效研究综述 [J]. 工业技术经济, 2007, 26 (9): 125 – 128.

[282] 刘红丽, 张欣, 王夏洁. 高技术产业集群重视转移的网络研究 [J]. 科技进步与对策, 2009 (9): 151 – 153.

[283] 刘诗白. 论苏南模式——无锡市乡镇工业鸟瞰 [J]. 财经研究, 1986 (10): 3 – 8.

[284] 刘炜, 李郇, 欧俏珊. 产业集群的非正式联系及其对技术创新的影响——以顺德家电产业集群为例 [J]. 地理研究, 2013, 32 (3): 518 – 530.

[285] 陆岸萍. 产业集群与区域经济发展 [J]. 广西经济管理干部学院公报, 2003 (4): 104 – 108.

[286] 陆立军, 于斌斌. 产业集聚、创新网络与集群企业技术能力——基于绍兴市 14262 份问卷的调查与分析 [J]. 中国科技论坛, 2010 (3): 67 – 72.

[287] 马汀·奇达夫, 蔡文彬. 2009. 社会网络与组织 [M]. 中国人民大学出版社.

[288] 马歇尔. 1981. 经济学原理 [M]. 朱志泰译. 商务印书馆.

[289] 曼纽尔·卡斯特 (Manuel Castells) 著. 夏铸九等译. 2013. 网络社会的崛起. 北京: 社会科学文献出版社.

[290] 毛冠凤. 2008. 高技术产业集群人才流动模式研究 [D]. 华中科技大学.

[291] 毛加强, 崔敏. 创新网络下的产业集群技术创新实证分析 [J]. 软科学, 2010 (3): 19 – 22.

[292] 迈克尔·波特. 2007. 国家竞争优势 [M]. 中信出版社.

[293] 彭纪生，孙文祥，仲为．中国技术创新政策演变与绩效实证研究（1978—2006）[J]．科研管理，2008，1（29）：134－150.

[294] 彭伟，符正平．联盟网络对企业创新绩效的影响——基于珠三角企业的实证研究 [J]．科学学与科学技术管理，2012（3）：108－115.

[295] 秦红霞，丁长青．社会资本视角下的组织知识共享 [J]．中国人力资源开发，2007（2）：4－6.

[296] 仇保兴．1999．小企业集群研究 [M]．复旦大学出版．

[297] 任胜钢，宋迎春，王龙伟，曹裕．基于企业内外部网络视角的创新影响模型与实证研究 [J]．中国工业经济，2010（4）：100－109.

[298] 任玥．创业文化体系视角下的大学社会服务创新——以 MIT 与 128 公路的兴衰、再崛起为例 [J]．比较教育研究，2008（9）：29－34.

[299] 施卫东，卫晓星．战略性新兴产业集群研究综述——基于演化视角的分析框架 [J]．经济问题探索，2013（5）：185－190.

[300] 寿涌毅，陈英英，汪洁．基于临近性的企业网络知识转移仿真研究 [J]．科学性与科学技术管理，2012（1）：83－89.

[301] 孙红萍，刘向阳．个体知识共享意向的社会资本透视 [J]．科学学与科学技术管理，2007（1）：111－114.

[302] 孙兆刚．产业集群创新优势与知识网络关系的实证研究 [J]．技术经济与管理研究，2015（3）：114－118.

[303] 宋周莺，刘卫东，刘毅．产业集群研究进展探讨 [J]．经济地理，2007，27（2）：285－290.

[304] 谭大鹏，霍国庆，王能元，吴磊，蒋日富，喻缨，董纪昌．知识转移及其相关概念辨析 [J]．图书情报工作，2005（2）：7－10.

[305] 唐炎华，石金涛．国外知识转移研究综述 [J]．情报科学，2006，24（1）：153－160.

[306] 托马斯·福特·布朗．社会资本理论综述 [J]．马克思主义与现实，2000（2）：41－46.

[307] 王冰．簇群的知识共享机制和信任机制研究 [J]．外国经济与管理，2002（5）：2－7.

[308] 王发明，蔡宁，朱浩义．基于网络结构视角的产业集群风险研

究——以美国 128 公路区产业集群衰退为例 [J]. 科学学研究, 2006 (6): 885 - 889.

[309] 王海龙, 王国红, 武春友. 面向不连续创新的科技创业企业绩效实证研究 [J]. 科研管理, 2008, 29 (6): 44 - 51.

[310] 王缉慈. 2001. 创新的空间: 企业集群与区域发展 [M]. 北京: 北京大学出版社.

[311] 王缉慈. 从意大利产业区模式看浙江专业化产业区发展前景 [J]. 浙江经济, 2000 (7): 10 - 12.

[312] 王靖, 邝国良. 珠三角地区企业网络结构对产业集群动态能力的影响研究 [J]. 区域经济, 2010 (10): 131 - 133.

[313] 王凯. 产业集群知识溢出与知识转化研究 [J]. 科技管理研究, 2009 (3): 246 - 248.

[314] 王雷. 产业集群中社会资本创新绩效研究 [J]. 云南大学学报 (社会科学版), 2008 (1): 64 - 68.

[315] 王洛林, 魏后凯. 2003. 中国西部大开发政策 [M]. 北京: 经济管理出版社.

[316] 王培林, 郭春侠. 产业集群组织间知识共享的关系模式 [J]. 情报理论与实践, 2013, 36 (7): 41 - 45.

[317] 王清晓, 杨忠. 跨国公司内部网络结点之间知识转移的影响因素分析——一个概念模型 [J]. 科研管理, 2006 (2): 102 - 108.

[318] 王为东, 王文平. 基于企业学习策略的集群持续创新机制及实证研究 [J]. 南开经济评论, 2009, 12 (6): 27 - 33.

[319] 王贤梅, 胡汉辉. 基于社会网络的产业集群创新能力分析 [J]. 科学与科学技术管理, 2009 (12): 86 - 91.

[320] 王业强, 魏后凯. 产业特征、空间竞争与制造业地理集中——来自中国的经验数据 [J]. 管理世界, 2007 (4): 68 - 77.

[321] 王一飞, 肖久灵, 汪建康. 企业技术创新能力测度——社会网络分析的视角 [J]. 科技进步与对策, 2011 (15): 77 - 81.

[322] 王益民, 宋琰纹. 全球生产网络效应、集群封闭性及其"升级悖论"——基于大陆台商笔记本电脑产业集群的分析 [J]. 中国工业经济,

2007 (4)：46 - 53.

[323] 吴翠花，王三义，刘新梅，万威武. 联盟网络社会资本对知识转移影响路径研究 [J]. 科学学研究，2008，26 (5)：1031 - 1036.

[324] 吴结兵，徐梦周. 网络密度与集群竞争优势：集聚经济与集体学习的中介作用——2001 - 2004 年浙江纺织业集群的实证分析 [J]. 管理世界，2008 (8)：69 - 76.

[325] 谢卫红，蒋峦，张招兴，曾庆洪. 跨国战略联盟中的组织学习与知识构建 [J]. 中国软科学，2006 (8)：119 - 126.

[326] 叶昕，丁烈云. 论社会网络结构理论对战略技术联盟的影响 [J]. 外国经济与管理，2004，26 (10)：20 - 24.

[327] 张延锋，刘益，李垣. 国内外战略联盟理论研究评述 [J]. 南开管理评论，2002 (2)：53 - 55.

[328] 郑慕强，徐宗玲. 中小企业外部网络、吸收能力与技术创新 [J]. 经济管理，2009，31 (11)：71 - 78.

[329] 万俊毅，秦佳. 社会资本的内涵、测量、功能及应用 [J]. 商业研究，2011 (4)：8 - 13.

[330] 万幼清，王战平. 基于知识网络的产业集群知识扩散研究 [J]. 科技进步与对策，2007，24 (2)：132 - 134.

[331] 王贤梅. 2010. 集群企业竞争优势与知识网络关系研究 [D]. 东南大学.

[332] 魏剑锋. 国外产业集群理论：基于经典和多视角研究的一个综述 [J]. 研究与发展管理，2010，22 (3)：9 - 18.

[333] 魏江. 2003. 产业集群——创新系统与技术学习 [M]. 北京：科学出版社.

[334] 魏江，申军. 传统产业集群创新系统的结构和运行模式 [J]. 科学学与科学技术管理，2003 (1)：14 - 17.

[335] 魏江，魏勇. 产业集群学习机制多层分析 [J]. 区域经济，2003 (5)：121 - 136.

[336] 魏江，徐蕾. 集群企业知识网络双重嵌入演进路径研究——以正泰集团为例 [J]. 经济地理，2011，31 (2)：247 - 253.

[337] 魏守华，王缉慈，赵雅沁．产业集群：新型区域经济发展理论 [J]．经济经纬，2002（2）：18－20．

[338] 吴汉贤，邝国良．企业网络结构对产业集群竞争力的影响分析——基于网络密度 [J]．科技管理研究，2010（14）：154－157．

[339] 吴结兵，郭斌．企业适应性行为、网络化与产业集群的共同演化——绍兴县纺织业集群发展的纵向案例研究 [J]．管理世界，2010（2）：141－155．

[340] 解学梅．中小企业协同创新网络与创新绩效的实证研究 [J]．管理科学学报，2010，1（13）：51－64．

[341] 许登峰，傅利平．基于三维系统结构的产业集群演化研究 [J]．经济问题，2010（6）：29－32．

[342] 徐龙顺，邵云飞，唐小我．集群创新网络结构对等性及其对创新的影响 [J]．软科学，2008（8）：35－39．

[343] 杨冬梅，赵黎明，陈柳钦．基于产业集群的区域创新体系构建 [J]．科学学与科学技术管理，2005（10）：79－83．

[344] 杨锐，黄国安．网络位置和创新——杭州手机产业集群的社会网络分析 [J]．工业技术经济，2005（7）：114－118．

[345] 杨瑞龙，冯健．企业间网络及其效率的经济学分析 [J]．江苏社会科学，2004（3）：53－58．

[346] 杨沙，戴锦．高技术产业集群创新网络模型研究 [J]．当代经济，2009（13）：44－46．

[347] 杨文生，易明．基于平衡记分卡的产业集群绩效评价 [J]．商业研究，2008（1）：54－57．

[348] 杨勇，周勤．集群网络、知识溢出和企业家精神——基于美国高科技产业集群的证据 [J]．管理工程学报，2013，27（2）：32－37．

[349] 喻登科，周荣．知识网络视角的产业集群研究述评 [J]．情报杂志，2015（12）：200－206．

[350] 于树江．集群式产业创新的社会资本效应研究 [J]．管理学与科学技术管理，2004（6）：54－57．

[351] 詹姆斯·科尔曼著，邓方译．1992．社会理论的基础 [M]．北

京：社会科学文献出版社.

[352] 张广利，陈仕中. 社会资本理论发展的瓶颈：定义及测量问题的探讨 [J]. 社会科学研究，2006 (2)：46-51.

[353] 张杰，张少军，刘志彪. 多维技术溢出效应、本土企业创新动力与产业升级的路径选择——基于中国地方产业集群形态的研究 [J]. 南开经济评论，2007 (3)：47-65.

[354] 张莉，林与川. 实验研究中的调节变量和中介变量 [J]. 外国经济与管理，2006 (1)：108-116.

[355] 张勉，魏钧，杨百寅. 社会资本的来源：工作咨询网络中心性的前因变量 [J]. 管理世界，2009 (5)：79-84.

[356] 张危宁，朱秀梅，柳青，蔡莉. 高技术产业集群创新绩效评价指标体系设计 [J]. 中国工业技术经济，2006，25 (11)：57-59.

[357] 张文宏. 社会资本：理论争辩与经验研究 [J]. 社会学研究，2003 (4)：23-35.

[358] 张文宏. 社会网络资源在职业配置中的作用 [J]. 社会，2006 (6)：112-115.

[359] 张一力. "温州模式" 与 "苏南模式" 人力资本结构比较研究 [J]. 财贸经济，2006 (6)：83-86.

[360] 张志勇，刘益，陶蕾. 企业网络与知识转移：跨国公司与产业集聚群的比较研究 [J]. 科学管理研究，2007，25 (4)：64-67.

[361] 赵晶，关鑫. 大企业集群治理合约选择的制度基础及演进机理研究 [J]. 中国工业经济，2008，(11) 3：58-64.

[362] 赵延东，罗家德. 如何测量社会资本：一个经验研究综述 [J]. 国外社会科学，2005 (2)：18-24.

[363] 周浩，龙立荣. 共同方法偏差的统计检验与控制方法 [J]. 心理科学进展，2004 (6)：942-950.

[364] 朱华晟. 浙江传统产业集群成长的社会网络机制 [J]. 经济经纬，2004 (3)：42-45.

[365] 朱晓琴. 企业网络能力与技术创新——基于跨组织知识管理的实证研究 [J]. 技术经济与管理研究，2012 (6)：40-44.

附录：调查问卷

问卷编号：_____

集群社会网络与知识共享调查问卷

A 卷
（集群管理方填写）

本问卷为《产业集群知识共享研究》课题组发放的调查研究问卷，由课题组制作并负责回收。

本问卷旨在了解江苏省产业集群结构及知识共享等信息。内容不涉及集群和企业的商业机密。所获信息严格保密，绝不外泄，亦不用于任何商业目的，请您放心并尽可能如实、客观、完整地回答问卷中的问题。

作为回报，如您有需要，我们将及时将研究结果通过电子邮件反馈给您。

您的回答对我们的研究非常重要，我们非常感谢您的合作。

填写说明：

请您务必回答所有的问题。如果您在答题时遇到困难，请与课题组人员联系。

请依据您的了解做出判断，完成本问卷大约需要 5～10 分钟。

请根据题目描述与实际情况的<u>相符程度</u>进行打分。评分请在数字上<u>打钩</u>。

集群基本信息

1. 集群名称为_____。

2. 集群年龄（非授牌时间）：□5 年以下，□5 ~ 10 年，□10 年以上。

3. 2012 年，集群中企业（或机构）共_____家；其中，生产型企业_____家，服务型企业_____家，其他企业_____家。

4. 2012 年，集群内有龙头企业_____家，研发机构_____家；员工总数_____名，其中，科研人员_____名。

5. 2013 年，集群总销售收入_____亿元，实现利润_____亿元，主导产品市场占有率为_____%。

6. 2013 年，集群研发投入_____亿元，R&D 占比为_____%，拥有专利_____个。

填报单位：_____

联 系 人：_____　　联系电话：_____

问卷编号：_____

集群社会网络与知识共享调查问卷

B 卷
（集群企业填写）

本问卷由集群社会网络与知识共享研究课题组制作并负责回收。

本问卷旨在了解江苏省产业集群结构及知识共享等信息。内容不涉及集群和企业的商业机密。所获信息严格保密，绝不外泄，亦不用于任何商业目的，请您放心并尽可能如实、客观、完整地回答问卷中的问题。

作为回报，如您有需要，我们将及时将研究结果通过电子邮件反馈给您。

您的回答对我们的研究非常重要，我们非常感谢您的合作。

填写说明：

请您务必回答所有的问题。如果您在答题时遇到困难，请与课题组人员联系。

请依据您的了解做出判断，完成本问卷大约需要 5～10 分钟。

请根据题目描述与实际情况的<u>相符程度</u>进行打分。评分请在数字上<u>打钩</u>。

填报企业：_____

联 系 人：_____　　　联系电话：_____

提示：本问卷中的"网络"是指集群内部企业之间的关系，与物理网络、互联网等无关。

集群网络信息

1. 请您评价本集群如下相关信息：

（1）请您写出与您公司合作最紧密的 5 家集群内企业或机构：

①_____；

②_____；

③_____；

④_____；

⑤_____。

（2）请按照如下描述，在相应的您认为最合适的企业下打钩。

题项（可多选）	①	②	③	④	⑤
网络集中度					
（1）在企业面临困难时，贵公司会首先向哪些企业求助					
（2）哪些企业家和您聊天时，会谈到他们公司的内部事务					
（3）请选出贵公司觉得最熟的三位以上关系网络企业					
（4）当企业经营遇到瓶颈时，贵公司会向哪些企业求助					
（5）贵公司喜欢与哪些企业讨论企业经营工作					
（6）当企业经营遇到瓶颈时，哪些企业会主动来帮助贵公司					

2. 请您在下表中按照认同程度进行选择并打钩，从完全不同意（1）到完全同意（5）。

题项	完全不同——完全同意				
知识共享意愿					
1. 贵公司愿意经常与其他企业分享信息资料	1	2	3	4	5
2. 贵公司愿意经常为其他企业提供技术和方法指导	1	2	3	4	5
3. 贵公司经常与其他企业分享技术经验与窍门	1	2	3	4	5
4. 在其他企业的请求下，贵公司总是愿意提供本公司所知道的信息	1	2	3	4	5
5. 贵公司愿意尝试和其他企业分享技术研究中获得的专业知识	1	2	3	4	5
6. 贵公司与其他企业分享从非正式渠道获取的知识	1	2	3	4	5

题项	完全不同——→完全同意				
7. 贵公司愿意与其他企业分享从各种渠道获取的有价值的信息	1	2	3	4	5
集群共享能力					
1. 贵公司密切跟踪新产品/新服务的市场需求变化	1	2	3	4	5
2. 贵公司能快速识别外部新知识对企业是否有用	1	2	3	4	5
3. 贵公司能够主动学习并积累未来可能用到的新知识	1	2	3	4	5
4. 贵公司定期与顾客或第三方机构组织获得来获取新知识	1	2	3	4	5
5. 贵公司经常推敲如何更有效地应用知识	1	2	3	4	5
6. 贵公司能够快速分析和理解变化的市场需求	1	2	3	4	5
7. 贵公司比较擅长把外部新技术吸纳到公司内部	1	2	3	4	5
8. 贵公司能快速理解外部技术/服务机遇	1	2	3	4	5
9. 贵公司对于市场变化反应比较敏锐	1	2	3	4	5
知识共享深度					
1. 贵公司重视搜寻企业当前所在产品和市场的信息	1	2	3	4	5
2. 贵公司在集群内经常与同业交流改善产品和市场的信息	1	2	3	4	5
3. 贵公司积累当前有效解决市场/产品问题的方法	1	2	3	4	5
知识共享广度					
1. 贵公司在集群内经常与其他企业或机构交流新市场、技术信息	1	2	3	4	5
2. 贵公司在集群内经常与其他企业或机构讨论其他行业最新技术发展动向	1	2	3	4	5
3. 贵公司关注使企业脱离当前产品市场的新信息	1	2	3	4	5

对您的支持与合作，我们再次表示衷心的感谢！